寻找中国

SKETCHES OF
VANISHING CHINA

[英]阿瑟·亨利·希思 著

陈海燕 译

李辉 主编

行将消失的中国景象

海天出版社（中国·深圳）

触摸历史,在别人的亲历中

——"寻找中国"丛书总序

我爱藏书,尤爱收藏西方人所写关于中国的书。站在书架前,一本本中国亲历记,排列成行,穿过百年云烟,与我面对。

岁月沧桑,一代又一代西方人走进中国。传教士、探险家、旅行家、考古学家、商人、外交官、记者、作家、画家……每个人都有自己的中国想象,每个人都有自己的中国故事。他们伴随中国历史前行,甚至参与中国历史的创造。种种不同的体验与叙说,让曾经神秘的中国,渐渐变得清晰,变得具体,变得不再陌生、不再遥远。

走进中国,发现中国,是西方人的亲历记,更是中国融入世界的行程。

最初走进中国的西方人中间,影响最大的无疑是意大利旅行家马可·波罗,他在中国生活将近20年。大约在1271年启程东方时,他当然不会想到,会是他写出第一本亲历中国的书。研究马可·波罗的西方学者发现,在中国游记中,马可·波罗最爱使用的一个形容词是"伟大"。毫不奇怪,一个来自地中海威尼斯的旅行家,走在杭州、苏州……一个个江南重镇的繁华,必然留给他深刻印象。他不止一次来到长江边,注目滚滚而去的江水,发出如此感慨:"这条河流流程如此之长,穿过了如此多的地区和城市,江中来来往往的船只是如此之多,运送的财富和货物是如此之多,实际上比基督教世界所有河流和海洋加在一起还要多!"马可·波罗到底是位意大利人,天生具有与众不同的浪漫。他以艺术家一样的浪漫,渲染着中国印象。在风靡一代又一代的游记中,他呈现的是一个辉煌、壮观、充满诗意的东方古国。

在马可·波罗之后，更多西方人追随他相继走进中国。

最早、最大的一个群体，是纷至沓来的传教士。

著名的利玛窦走进中国。他也是意大利人，成为最早在中国获得永久性居住权的传教士之一。这位耶稣会的传教士，为了赢得中国人的信任，第一个穿起中国士大夫的服装。他掌握数学和天文学知识，能绘制地图。他很乖巧，或者说他很能理解和迎合中国人的观念，他绘制的一幅世界地图，就把中国标在中央位置。

著名的汤若望也走进中国。这位德意志耶稣会的传教士，在北京城观象台的房子里，观天象，研习历法。汤若望颇受清朝顺治皇帝的青睐，他向顺治皇帝进呈自己制作的浑天星球、地平日晷、望远镜，这些西洋物令人耳目一新。汤若望成为宫中常客。在顺治皇帝眼里，这位西方人真像一部活字典，上知天文下知地理。汤若望被委任为钦天监监正,并赐二品顶戴,是最早在中国官廷中担任要职的西方人。在17世纪英国出版的关于中国的书籍中,顺治皇帝出现在插图中,他被说成是"欧洲化的皇帝"。

商人几乎伴随传教士联袂登场。大海上,商船来往穿梭,运来西方的香料、珠宝,运走中国的瓷器、茶叶。随之,矛盾与冲突,战火与侵略,不可避免地发生。从此,一个曾经被马可·波罗高度浪漫化的中国,一个长期自尊、自大、封闭的古老帝国,在东西方观念的冲撞中、在现代与传统的相互渗透中、在开放与封闭的替换中,开始了艰难痛苦的历史行程。

这是一个漫长的行程,为走进中国的西方人,提供能够发挥他们各自作用的历史大舞台。舞台之上,戏剧上演,不同主角轮流亮相,各显身手,各领风骚。

19世纪后半叶,随着电话、电报、报业、出版业的突飞猛进,随着航运、火车、航空的革命性变化，世界对中国的关注越来越多，走进中国的西方人也越来越多。于是，世界各国关于中国的图书出版，渐趋潮流。那些走进中国的西方人，具有得天独厚的条件，他们的目击、回忆、叙述，使得他们成为最好的作者人选。他们生活在中国，旅行在中国，时间或长或短，介入的领域互有差异。无论如何，他们俨然已是中国社会的新面孔，已是民众日常生活的一部分。他们走进中国，你中有我，我中有你，难分彼此。正因为如此，他们的亲历记，完全可以看作是中国历史行程本身不可或缺的一部分。

叙述中国故事的这些作者，身份不同，经历不同，却以笔下的记录、老照片、绘画等，留存百年之前中国的方方面面、点点滴滴。中国之行，带给他们的新鲜感总是令他们难忘，灵感呼之欲出。他们的笔下，中国人与社会生活的相互交融，中国人与山川万物若即若离的对应关系，得到不同形式的叙述。

在别人的亲历中，我们可以触摸中国历史——人物，故事，场景，细节……

转眼百年，诸多景象已经消失，社会生活的变迁也远远超出我们的想象。我想，何不策划一套"寻找中国"翻译系列，让我们在百年之前的作品里，重温远去的场景；在诸多生活细节里，感受不一样的世界。对于今天而言，诸多场景早已成为历史。不过，在他们描述的故事、人物、场景之中，我们可以远望百年之前的中国，如何渐渐由封闭走到开放，由传统走向现代，由一个农耕社会步入工业化社会。这些回忆文字，辅以大量老照片和绘画作品，可以使我们对历史远景，多一些感性认识，多一些不同角度的切入。

非常感谢海天出版社诸位同仁的厚爱，同意将"寻找中国"丛书纳入他们的出版计划。

感谢参与翻译的各位译者。这些译者，有的认识，有的未曾见面，他们却以极大热忱参与这个系列的翻译。

非常高兴能有机会将"寻找中国"丛书呈现于各位读者面前,希望你们喜欢,更希望你们提出不同建议,以求把这套系列书做得更好。

一本书,一双眼睛。一本本书,一双双眼睛。目光所及,中国的山川风物、风土人情、生活演变、时代变迁,跳跃不停,呈现复杂、丰富、独特、差异的历史景象。

于是,在别人的亲历中,我们触摸历史。虽已遥远,依然清晰……

李 辉

2017年10月26日,写于北京看云斋

译者序

译文付梓之前，提笔给译文作序，就不能不提到作家李辉老师。李辉老师是我在加入"六根"公众号读者群后认识的，当时想要了解李老师更多的作品，发言中误提到一位与李老师重名的作者的作品，李老师当时就耐心给予了纠正且并未计较，这是我和李老师的第一次交流。于是，从《雨滴在卡夫卡墓碑上》到《记得有人在等你》，再到"六根"和"地名古今"公众号的所有推文，我认真地阅读，不错过任何一篇精彩的文字，偶尔会在文后发表留言，也斗胆发给李老师我的几篇拙作，后来竟在公众号上推出。有机会翻译这本书完全是出于一次非常偶然的机会，最难得的是李辉老师在给我这个机会之前，甚至到现在，我们都未曾谋面，仅仅在微信中简单聊过几次。

对李辉老师给予我这个晚辈后生的信任和支持，我觉得异常珍贵，又心有忐忑，唯恐辜负。

在拿到文章影印件之后，我一遍遍地阅读、感受、理解。一开始因为时间紧，我有些无所适从，李辉老师耐心鼓励我"慢慢来"。于是，在工作之余，清晨、中午、晚上或者失眠之夜的时间，在路上、火车上、公交上的时间，在医院、银行、餐馆等地方排队的时间，任何可以利用的时间我都不放弃，让自己沉浸在作品中，一点点将文字译出来，然后编排成稿。看到打印出来之后用铅笔红笔蓝笔改得密密麻麻的文字，内心是极其愉悦的。

原著作者是一位英国人，名字是简写，并不是出名的作家。在翻译作者名字、了解作者背景的时候，遇到了很大的麻烦。幸亏有在英国读研的袁景初姑娘在繁忙的学习之余，费心费力帮忙查到了关于作者的介绍，解了燃眉之急。在此一并感谢。

翻译过程中，遇到许多不熟悉的地名，且好多地名是具体又古老的，作者拼写的个别地名估计也仅仅出自他对地名的音拟。只有将地名弄准了，先了解当地的风土人情，才能更好地把握作者当时的心境，从而准确地翻译作者的文字。为了查到地名，我到旧书市场、旧书店淘了新版、旧版多本中国地图和香港街道平面图等资料，尽心查找比对，在高德地图上反复搜索研究逻辑关系，还在李辉老师的指点下从《李希霍芬中国旅行日记》[1]中查找线索。当努力找到某个未知地名的时候，我常常是高兴得手舞足蹈。尽管如此，有个别地名，比如少数民族地区地名音译等，仍未必能准确表达。

阿瑟·亨利·希思（A. H. Heath）的文章首先

---

[1] 李希霍芬（1833—1905），德国地理学家、地质学家。《李希霍芬中国旅行日记》由李希霍芬的学生在他去世后，根据他遗留的在中国进行考察时的日记、手稿以及私人信件编辑整理而成，原书于1907年出版。——编者注

吸引我的是他所画的美丽风景画，有20多幅，每一幅都精美绝伦。他精彩地描画了大革命前夕长城、长江三峡、苏州、南京、武汉等多地的风景，油彩的颜色非常生动亮丽，说明作者的确被中国大地的美丽景象所吸引，心情是非常欢快的。然而，当时中国正处于清末民初，经历了义和团运动、八国联军侵华等诸多战乱，又面临日俄冲突升级，时局动荡，有些景象已经或者即将毁于战乱。面对一触即发的战争形势，作者内心表现出了对战争的憎恶和对和平的向往，本书书名也表达了对即将消失的中国景象的无限感慨。在写游记的过程中他记录了诸多当地见闻，体现了个人对中国大地以及中国人民的深厚感情。作者在序言中曾经引用拜伦的一首诗来表达对中国大地美丽景象的迷恋。我曾多次尝试自己翻译诗文大意，后又在网络上查找多篇译文比较，最终觉得杨熙龄先生的译文更能准确恰当地表达，故加以引用。

　　本书是根据作者的旅行笔记整理而成。从旅

行时间看,当时英国人来华的热潮正盛。我常想,作者或许是受到地质学家李希霍芬的影响。李希霍芬在其旅行日记中提到:"如果我是个画家或者哪怕是我有更多的时间,那么我会描绘最美好的图片带回来……无法想象怎样的画笔才能描绘出如此罕见的人间美景。"又或许是受到《马可·波罗游记》的影响,因为文中数次提到了马可·波罗。旅行期间,作者乘马车、火车、轿子、驴子、船房、舢板、货轮等交通工具,饱览了中国绵延不断的山峦、峡深水急的江流,目睹了长城的雄伟壮丽、皇家大院的辉煌与凄凉、各地香火依然鼎盛的寺庙和威严的佛像,感受了搭船屋溯游而上美景映入眼帘的惊喜,记录了小贩、仆僮们让人不解的洋泾浜英语,描述了有关文化古迹的历史传说。他在短暂的旅行中随时记录下中国的风景名胜、百姓习俗、社会历史等内容,用画作和文字为读者描绘了一幅精致的中国画卷。

想到作者在故宫夜幕降临之时因为一名尾随

其后的太监而心惊胆战，在奉天的小旅馆扛着行李箱七曲八拐地到街上拦马车的尴尬，在路上对受伤的骆驼和产后的驴子油然而生的怜悯同情，对各种数字的精准记录和旅行各种花费的精打细算，对舢板上祖孙三代悠然生活的诗意描绘，因为船老大出行前跟妻子温柔告别、仆从三番五次请假回乡娶媳妇等表现出的丝丝无奈，等等，我们眼前不禁浮现出了一位耐心、善良、幽默、浪漫、精明的英国商人形象。

陈海燕

作者序

有必要加以说明的是,在第一次世界大战和中国大革命爆发之前,本书是我写下的唯一的书,由于是根据日记整理而成,故显得有些散乱。不过,它却真实描述出颇为有趣的旅途见闻,以及当时我留下的中国印象。

大革命和时间之手,迟早会将那些古老而美丽的寺庙、宝塔和桥梁夷为平地。如果你不尽快前往,其中大部分将不复存在。当然,这些"人迹罕至之处"若干年后仍会再度被开发,如果在此之前人们前往踏访,无疑还是能带来无穷趣味的。

不少上了年岁的人与我一样,庆幸能够较早地生活在遥远的中国,尽管当时条件不如今天舒适,没有诸如电扇之类的设施,我们却可以尽情享受生活，而且无需太多费用。那些比我们年轻点的人们一想到将来的生活，就会非常焦虑，我们对他们也确实满怀同情。大部分人都在期待着有个理性政府的成立，期望它能总结过去的历史，认识到对外贸易对一个发达国家的重要性。中国是世界上最富有的国家之一，这里的人民勤劳又爱好和平，所以，用不了多久，变革即将到来。我认为，中国的贸易商人们，包括那些银行家、店铺老板也会有同样的想法。

我相信，了解中国的读者会对我的描述感兴趣。说到旅行，引用伟大诗人拜伦的诗句，更能精彩地描绘出遥远中国大地的极致美景，让你觉得有必要亲自去体验一下：

虽然我最近才浪游过的那些地方，
一向负有生长绝世美人的盛名；
虽然有许多幻影使我的心儿神往，
那些形象却藏在可望不可即的梦境；

但不论是真是假,都不可,与你比并。
自从见了你,我再不愿徒劳地握笔,
笔墨怎能描绘那千娇百媚的倩影;
对于没见过你的人,我的语言无力;
有幸见到你的人,又能用什么话来赞美你?①

---

① 诗译文摘自杨熙龄译《恰尔德·哈洛尔德游记》。——译者注

目 录

第一章	哈尔滨到奉天	001
第二章	奉 天	006
第三章	奉天到北京	010
第四章	北 京	017
第五章	紫禁城	024
第六章	万寿山——夏宫	030
第七章	北京到南口	041
第八章	中国长城	045
第九章	长 江	050
第十章	南京明陵	056
第十一章	汉 口	063

第十二章　长江三峡	068
第十三章　上海及周边	091
第十四章　杭州之行	096
第十五章　雪窦寺	103
第十六章　闽江	110
第十七章　云溪	116
第十八章　香港	122
第十九章　广州	127
第二十章　海滨之行	131
第二十一章　水上生活	143
第二十二章　我的仆从	148
第二十三章　本地人	152
第二十四章　结束语	159

第一章　哈尔滨到奉天

当我来到满洲①最北部的小城哈尔滨的时候，城里面满是来来往往的军队。数万中国人行色匆匆地穿过大街和集市，里面也夹杂一些犹太人及其他民族的不安分者，还有那些紧盯着士兵们钱袋子的脏兮兮、大嗓门的小贩们。城里到处可见如棋子一般的小坟头，还有大批穿着从死去的沙俄士兵身上扒下的大衣和靴子的人，这些景象时刻让人难以忘记不久前这里曾进行的日俄战争。

我要先经由最北部的日本边防站宽城子②再

---

① 指现在的东北三省及内蒙古东部地区。——译者注
② 今长春。——译者注

到奉天①,然后转乘由奉天到大连或北京的日本长途火车。

在当时那种形势下,到哈尔滨火车站买票着实令人不愉快。我们与一大群熙熙攘攘的中国劳工挤在一间小屋里,周围是各种各样堆积如山的行李袋。有许多看起来无所事事的人在周围游荡,只要是能够得手的东西,他们随时准备要顺走。所以,我们把自己的行李聚拢在一旁,仔细照看着。这个火车站真的是非常简陋,也没有餐厅。好在我们可以吃一点之前从莫斯科带来的东西。

事实上,如果你没有准备,我想这些会让你听起来觉得不舒服,我也不想把这趟旅程推荐给你。我们没有买到头等车厢的票,不得不乘坐非常破旧的二等车厢,人疲惫得像是随时

---

① 今沈阳。——译者注

会散架的样子。列车轨道本就不平，座椅也是简陋得既没有弹簧也没有垫子的硬木板。漫漫长夜，睡觉根本就是奢望，我只能不厌其烦地听着列车没完没了的响声，恨得咬牙切齿。列车里中国乘客们不绝于耳的聒噪，与火车的咣当声和低鸣声一起，组成了合奏。当火车在沿线的站台停车时，列车员在车厢里跳上跳下，更换车里的灯盏，这时人声鼎沸的喧嚣声达到了高潮。列车员拆走了我们的灯，却又忘了再拿来一盏换上。外面真的很冷，窗户有一半都关不上。因为那些劳工把我们的车厢误当做三等车厢进来，离开时又忘了关门，我的时间都浪费在起床关门上了。或许，我们的车厢可能就是三等的。真是骇人的一夜！

　　哈尔滨和奉天之间是一大片平原，放眼望去，只能看到远处起伏的小山。列车沿途都是些被闲置的荒地。我认为这种景象或许只是暂时的，因为勤俭朴素的中国百姓总会精心开垦他们的每一寸土地。

抵达宽城子以后，我们立即转乘了日本的火车。比起旁边高大笨重的沙俄火车，日本火车看着像玩具火车一样。

从这里开始，火车驶进了中国最富饶的农业区。车窗外，一群一群勤劳的中国人正在犁地，准备播种春天的庄稼。拉犁的以小马、驴子和骡子为主，有的一张犁最多用到五匹牲畜。这片让人惊叹的肥沃土地为大连和北方一些地区提供了极为丰富的农产品。为了占有和控制这里的农产品贸易，日本和中国相互争夺这个地区已有许多年。据官方统计数据可知，其中的利润确实不菲。然而，那些占据了哈尔滨的沙俄人的到来，阻碍了这个地区的发展进程。

这里的农民身上既有隐忍、勤劳和朴素的品质，同时又有着根深蒂固的好赌恶习和肮脏不洁的卫生习惯。尽管中国正逐渐变得现代化起来,但那些年老的满族人却还是有点旧习难改。

第二章　奉天

奉天是一座古老有趣的旧式老城。当欧洲游客走下火车站台的时候，看到周围全是中国劳工，没人会讲半句英语，真的是有些不知所措。听说这里有两家欧式旅店，一家是中国人开的，一家是日本人开的。了解到卫生方面的差别，我自然而然选择了后者。我非常欣喜地发现，这家名为"金岛旅店"的地方，尽管菜式少而且价格贵，却非常干净舒适。在这样一个偏远的地方，客房睡床的卫生状况超乎我的想象。

我在奉天小住的日子里，除了有两天因为风沙肆虐几乎不能出门以外，天气还是很晴朗的。我搭乘了一辆俄式四轮马车在城里城外四处转悠。车夫是一位中国人，他毫不意外地也穿着从那些死去的沙俄士兵身上扒下的外套和靴子。

在奉天俱乐部，我遇到了一位满族老将军朱文，有人正在那里宴请他。他不断地喝着香槟酒、雪利酒、鸡尾酒，排场很大。中国男人的酒量真是不赖！那些新式的中国军官不时地开着他的玩笑。在这些军官看来，自己的军队完全能与那些欧洲军队抗衡，他们吹嘘将来打洋鬼子一定会赢。

奉天主要的景点是北陵。北陵雅致地坐落在一个像公园一样风景非常秀丽的地方。陵园建筑是寺庙风格，修缮良好，陵园入口及走道两旁的动物石像很是壮观。文中的图画（见彩页《奉天北陵》）可以让你对入口处的墓碑有些直观的印象，但是只有亲眼所见才能体会到建筑的庄严雄伟。努尔哈赤的儿子就葬在北陵中一个高大的土堆里。墓堆上面长了一棵古树，墓后面由半圆形的墙环绕着，这半圆形的墙与围着寺庙和石像的四方院墙又连成一体。

这里的碧瓦朱檐让艺术家们流连忘返，在这座老城里，他们会找到多得不可胜数的题材。这里还有独特的民族服饰，成群的骡子和驴子拉着的车，色彩鲜明和谐的街景。由于住在这里的人们非常能聊，浑身又散发着难闻的气味，给他们画像让人觉得很不自在。沙尘也是一个大麻烦，几乎没法用油彩来画画。

从东方人的审美视角看，还在修复中的陵园大殿是非常美观的。阳光下，金灿辉煌的瓦片与湛蓝的天空相互辉映、美轮美奂。私家宅院门口重重的挑檐看起来也那样别致。

在邮政厅，我有幸遇到了一位老朋友华生先生，他非常友好地款待了我。看起来，与一位上海老朋友的重逢也让他非常愉快。

离开奉天时，尽管日本旅店的服务生已经尽其所能在帮我，可还是和来的时候一样，令人不爽。我一点不懂本地话，这家旅馆离火车站还那么远，时间确实非常紧张。旅店所在的小路上根本不可能有马车，所有的行李都要先搬到大路上，真难以想象我是怎么把它们安全地弄到马车上去的。在奉天，到处是可怕的无业游民，多亏有警察和士兵，只有警察和配枪刺的士兵才能让他们规矩点。火车是早晨8点才开，服务员5点就把我叫醒了。在中国，人们只有提前到达火车站，并且还能留出些富余时间，他们才不担心会迟到。在列车长起身关上头等车厢的门之前，我还要再等将近两个小时。

第三章　奉天到北京

从奉天到山海关，你可以非常舒服地搭乘列车的头等车厢。车上虽配有餐车，但是毫无疑问饭菜非常差，提前备了一篮子食物还是很明智的。

列车从一座看起来一点都不牢固的拱桥上驶过，我们过了莲湖①。一位英国工程师告诉我们，就在不久前，这座桥差点被河水冲垮。当我们经过时，又有一座新桥正在修建之中。从奉天到山海关这趟车刚好经过一片厚厚的砂岩层土地，这一段道路在风沙季节总被侵袭，沙尘四处飞扬，根本没法通行。

---

① 原文为 river Lian Ho，根据音译为"莲湖"。——译者注

锦州是我们此行经过的最重要的城市之一，有大批的货物在这里被装载上车。从锦州城西部开始，列车进入了绵延的山脉之中，所到之处山体贫瘠、岩石遍布。

在这一段行驶的火车是中国官办铁路专列，比日本火车的速度快，很少会延误。每到一站，当火车停靠站台时，都有一位军官带领一列卫兵持枪警戒。每名卫兵一个月的薪水是 8 美元，这些卫兵每年就要花掉铁路公司 10 万美元。

快到山海关的时候，可以看到山顶有几座圆形塔，这些塔比起英国南部海岸那座古老的马特洛炮台①还要大得多。

应该可以断定，这些塔的建成时间与中国的万里长城应是同一时期，用做国土防御的前哨。长城起于近海的山海关，向西横贯崇山峻

---

① 1794 年英国曾攻占科西嘉岛马特洛炮台，用于海洋防御。——译者注

岭，绵延3000英里[①]。这里春天风景如画，山脚下果树盛开的鲜花美丽地装点着一片平坦的土地。大约上午11点钟，火车行驶过郎州河[②]，阳光下，河水波光粼粼，舟船点点。

在这条官办铁路的火车上，每节车厢里都有手持步枪的卫兵。列车售票员是一位瘦瘦的、长得很结实的德国人，他告诉我，土匪时常从沿线两旁的高粱地里跑出来爬到火车上，伸手抢走东西，然后迅速消失在庄稼地里，根本没办法去追赶他们。就在前几天，这伙土匪扮作乘客从一站登上火车，到下一站停车之前，他们劫持了车上的乘客并抢走了行李，随后逃之夭夭。

12点左右，火车到达了唐山，这里是重要

[①] 英制长度单位，1英里约等于1.6千米。——编者注
[②] 原文为 Lang Chow River，根据音译为"郎州河"。——译者注

的产煤中心，得益于周边发现的优质黏土，这里还有大型的瓷厂。位于铁路一边宏伟的建筑群是一所工程学院，相邻的是精致如城堡一样的火车站；在铁路另一边是众多的商店，火车上的所有补给均由这些商店提供。当地许多富人携家带口，乘坐头等车厢去旅行，他们吃的是西餐，但吃喝的方式看起来很粗鲁。再往前走一段，就到了芦台运河①，在铁路建成之前，唐山的煤矿都是通过这条运河来运输的，那时候河运需要很多时日。芦台运河、京杭大运河还有北运河都在天津交汇。最难忘的景象是从火车上看见了海市蜃楼，看起来就像是树木和建筑折射到一片湖水上。在芦台，火车从许多被毁掉的村庄的废墟遗迹的不远处驶过，这些村庄均是被1900年进攻北京的行军给破坏的。②

---

① 应为蓟运河芦台段，原文称芦台运河。——译者注
② 指1900年八国联军入侵北京。——编者注

沿途那些土碉堡也是联军在那个时候修建的。

大约下午2点，我们抵达塘沽站，这里以盐矿而闻名，看到周边络绎不绝的盐船真是大开眼界。在这里可以看到上千根电话线杆子，全都是1900年八国联军占领这里时遗留下来的东西，出于军事保密的目的，每个国家都有单独的线路。

或许，你会想要了解这趟旅行需要怎样做支出预算。从哈尔滨到北京，首先你要用卢布买前往宽城子的火车票，在宽城子再将卢布换成日圆买前往奉天的火车票，以备逗留期间用。在奉天的宾馆里，我买了天津银圆用于山海关之旅，这里离天津很近，千万不要和长江边上的上海混淆。然后你需要备一些墨西哥圆，去往北京的时候再用。你还可以从奉天经大连到亚瑟港[1]，这只需要航行几个小时。然后，你就可以前往上海了。

亚瑟港位于辽东半岛，中国人称这里为"王朝之剑"，这个港口以前是中国重要的海军兵工厂，但是在1894年被日本占领，遭到破坏。1898年，俄国从中国获得了这里的租借权并加强了防御。日俄战争期间，这里曾发生过激战。1904年2月8日晚，日本海军将领TOGO[2]率舰队第一次袭击了港口。尽管他制造了一些破坏，但他还是没法通过遍布在港口周围的地雷阵，于是他随即在港口建立了封锁区。1904年5月，在日军总司令乃木希典的指挥下，日军开始了陆上的袭击，一直持续到1905年2月初堡垒被攻破。通过占领203高地，日本以巨大的

---

[1] 即大连旅顺口港，在西方称为亚瑟港（Port Arthur）。——译者注
[2] 应为东乡平八郎。——译者注

人员牺牲为代价攻下了这一要塞,并在此炮轰了港口和俄国的舰船。

俄国政府曾耗费巨资在这里建起了数量众多的海军营房、医院和精致漂亮的房子。现如今,旅客们可以住在大和宾馆,从那里可以去探寻附近那些曾经发生过激战的炮台和山头。

第四章 北京

在离北京不远的地方,透过飞扬的沙尘,我们只能依稀看到北京的城墙。横穿过老城墙里一座现代化的城门,我们到了位于水门①附近的皇城,为人熟知的是,在义和团起义期间,印度军队曾经从这里破城而入,去解救公使馆人员②。当时,在很长一段时间里,公使馆人员曾一度处于生死边缘。

马可·波罗的魂灵,目睹这样的现代发明,他还有话可说吗?如今只需几个小时的路程他那时需要几个月呢?时代的确在变化,虽然

---

① 即西直门。——编者注
② 指八国联军入侵北京时,英属印度军队解救被围困在英公使馆里的人员。——编者注

1900年北京遭到了八国联军的蹂躏破坏，但北京城基本保留了原先的模样。已经重修的城墙和箭楼，比起被攻打以前或许看起来更像大汗时代的样子。可以想象，在此之前它们已受尽了岁月的侵蚀。

当我初次来到这座古城时，大约是在公使馆人员被解救两个月以后，那时火车刚刚通车。我将永远记得从火车终点站乘坐的北京马车，在这大千世界里再没有像这样的交通工具了。它看起来可能较舒适，其实这只是一种错觉，车的地板向后面倾斜，坐在上面就像个蹲坐的裁缝，很快就会腿抽筋。唯一可以坐得舒服点的地方，就是和车夫背靠背，但是那样的话，车夫会不乐意，怕让人笑话。

马车进了城，来到天坛附近。在天坛对面的场地上，我见到了一列机动的美国骑兵。在景色优美的天坛公园里，驻扎着印度军队。

在这片圣洁的土地上所发生的那些亵渎行为令人伤感，而那些聚集到北京的欧洲士兵却还认为中国人粗野没教养，理应受到惩罚。那座环绕中心围成圆形、被中国人奉为地球中心的大理石台没有被损坏，实为万幸。八年之后，当我再次来到这里的时候得以画了这幅图（见插页《天坛》）。遗憾的是，大理石台上铺满了草席，大概是五月中旬年轻的皇帝要来此处向"未知的神灵"磕头。在那段时间里，天坛内外被脏兮兮的苦力们霸占着，在各个门口收钱。由于入口较多，需要支付不少钱作为准入费。因为这些看守者没有工资，就想出了这个勒索的法子。

另一段充满趣味的短途旅行是到历史上非常有名的喇嘛寺[①]。喇嘛寺里面有各式各样的神

[①] 应为东黄寺达赖庙。——译者注

像，许多神像因为看上去衣衫不整，所以用东西遮盖了一下，避免有伤风化而冒昧了祭司头领格兰迪女士。我推测是那些传教士让他们这样做的，不过也真是有必要，因为那些佛像的姿态的确不怎么优雅。

东门2英里以外的黄庙[①]也非常值得一看。它里面建有大喇嘛的坟墓，这位喇嘛[②]因为得天花病死在了北京。如今，寺庙内外已破败，墓体的白色大理石也已褪为浅黄色，像一幅别致的图画，仍是一处让人难忘的景观。这里有几位在祭拜的人，还有一些苦力，当然，毫无疑问的，每个门口都有人收钱。

在北京还有很多景点，由于空间所限不再

---

① 应为西黄寺。——译者注
② 文中提到的这位喇嘛应为六世班禅。西黄寺建有六世班禅衣冠塔，本名"清净化城塔"，俗称"班禅塔"。——译者注

更多地提及。紫禁城，留到下一章再写。

　　要结束这段叙述，就不能不提中国历史上元朝第一位皇帝——蒙古族之王忽必烈可汗。尤其要说的是，他在位期间，当时著名的北京，或称"汗城"①，首次被定为中国的都城。马可·波罗说过，这座城有12个门，忽必烈时期每个门都有1000人驻守着。街道笔直宽阔，站在门口可以从街头望到街尾。对城墙的长短说法也不一，最多估计约27英里，最少18英里。忽必烈可汗在北京以北的"上都"（原称开平府）建了一座雄伟的夏季行宫，行宫里养着优良的马匹，在茂密而广阔的园子里可以骑着心爱的马儿驰骋，堪称中国的温莎城堡。

　　作为都城，北京城这块地的往事和今朝有许多是必须说的。明朝宣布定都南京后基本没

---

① KHANBALIK，突厥语，意为"汗城"，即大汗之居处。——译者注

用很久就迁都北京了；清兵入关后的第一位皇帝顺治帝还是更倾向于定都北京。不必多说大家也知道，从此以后，北京保留了其帝国之都的地位。

大汗统治期间①，关于这座城市的描述，我们同样应该感谢马可·波罗。从他的叙述里可以看出，他承蒙太子的信任得以住在太子的宫殿里多年。他曾被选派巡视中国南方地区，并出使到中亚，从他的游记里可以看出，对于他在出访期间到过的城市，他都做了形象地描绘。他所描写的13世纪时忽必烈在北京的宫廷生活，虽然我们还不能逐字逐句都接受，但的确也不失趣味。在尤尔上校②关于《马可·波罗游记》

---

① 指忽必烈统治时期。——编者注
② 指英国地理学家和东方学专家亨利·尤尔。尤尔是当时中亚历史地理学的权威，撰写了许多关于亚洲地理的文章，还从事对中世纪亚洲、中国与西方贸易史及《马可·波罗游记》的研究。——译者注

的书中这样描写道："高大的城墙足足有50英尺[1]高，宽度也几近50英尺"，构成的长方形周长有21英里。它庞大的外部轮廓如此宏伟，中间是高起的堡垒和众多的哨台以及城楼，这个景象只有古巴比伦城墙可以与之相媲美。

忽必烈可汗的魂灵啊，作为这座广阔城市的伟大建立者，当你踱步于此看到眼前的种种亵渎，你该做何感想？眼前一辆货车行驶进了城门，穿过那座曾经坚不可摧，曾经令人战栗、被鄙视的由野蛮人后代所筑造的城墙。

---

[1] 英制长度单位，1英尺约等于0.3米。——编者注

第五章 紫禁城

紫禁城第一大殿金銮殿①，是在重大历史场合下皇帝接见外国使团的地方，从书中见过"紫禁城"的人不在少数，却鲜有人进去过。我有幸与四个人一道，其中二人是印度王子，得以在专人陪同下进入紫禁城宫殿内细细观看。

公使馆人员被解救以后，美国军队被派遣来守卫这片神圣庄严的区域，防止像其他地方一样发生大规模的抢掠。人们只被容许进入主体建筑，而我非常荣幸地获得特殊许可进入了内殿。真是如仙境一般啊！瞩目庙宇一样的建筑和周围厚重的围墙上，黄色的、紫色的瓦片

---

① 金銮殿为太和殿的俗称。——编者注

在阳光下如皇冠般闪耀!

我走近南侧门廊,不过它更应该被称为南部城墙中心的一栋高大雄伟的建筑。三扇大门上都排列着大大的门钉,每一扇门都有一条走廊穿过50英尺厚的高墙,通至另一扇门,随后通往一座宽阔的庭院;走过几道门和几座庭院,翻越一座威严的桥,再走上很多级石阶,就到了第一大殿。与殿门入口正对着的就是神圣的皇座,一把镶着景泰蓝、铺着绸缎垫子的黄铜座椅,椅子两侧的底座是拱形的青铜座,椅背上雕刻着精致的图案。我坐上宝座,脑海里浮现起曾在这里发号施令的中国皇帝。

穿过这个大殿通往两个更加庄重的内殿[①],过去这里从未允许蛮族之人踏足过。陪同人员告诉我们,皇帝在这里与最宠信的内阁大臣商

---

① 即中和殿、保和殿。——编者注

议国事,整个过程很显然都由皇太后把控着。在其中一个房间,我发现了一个漆底的地球仪,直径约4英尺,刻有中国文字。对学者们来说,这实在是一件可用来研究的珍奇物件。

从大殿出来,太监们带领我们沿着五彩斑斓的长廊,穿过一个布满竹柏层石的中式假山花园,到了皇帝和皇太后的内院。这里看起来就像谷仓一样,在你见识过中国瓷瓶和漆器上古典雅致的图片之后,这里会让你大失所望。屋里陈设着并不舒适的新式家具,有一架钢琴、一架脚踏式风琴和一架管风琴(全都音调不准)。墙上挂满了各式钟表,当它们同时敲响的时候,想象一下那些声音就让人肃然而立。皇帝和皇太后的床榻都凹进墙里,分别在相连的两个房间里,床不宽,上面也没有弹簧垫子。或许我要是来拜谒的话,皇太后压根不会现身,亦或只赐一把更硬的椅子让我坐。房间里的挂饰为细腻的丝绸质地,但我还是觉得缺少了应有的东方华丽感。

从贵妇们所居住的房间数量判断,皇帝的嫔妃真是不少,只可惜她们全都随朝廷逃走了,我们无缘得见她们的生活起居。

参观的时候,有一名士兵一直陪同我到内殿出口。即将返回之际,他询问我是否愿意去看一下收缴来的义和团的武器和盔甲。他带我远离了队伍,走进一个大厅,大厅门廊顶部有重重的挑檐,角檐呈现出一种传统的中国风格。这里面胡乱堆放着数不清的剑、弓和箭头,各式各样、不同环境下穿戴的皮盔甲。总体的设计样式和大汗时期所使用的大体相同,义和团和清军将士正是想用这些武器,去消灭被围困在公使馆内的欧洲人。而现在,大多数的中国士兵已经配备了新式的步枪,偶尔在攻打围墙和建筑时也会用到火炮。他们搞了那么多的破坏，但令人诧异的是，这些激动狂热的家伙，偏不从他们在公使馆墙上已破开的裂缝中通行；尽管他们对公使馆发动了几次攻击，但欧洲人还是以坚决果敢和不顾一切的意志牵制住了他们。

幸运的是，这支攻击公使馆的军队并没有名副其实的头领。听一位参加过防御战的人跟我讲，在肥胖的将领们从轿子里起身出来指挥，但还没发出任何攻击指令的瞬间，英国的神枪手就把他们干掉了。

我的士兵朋友拿出几把好剑让我看，并允诺要用他的黄包车把这些剑送到我住的宾馆里。然后，我就与他分开了，径直去找寻印度王子和他的随从们了。

当我试图从迷宫一样的走廊和建筑中走出来时，那种恐怖的经历难以言表。夜幕刚刚降临，我一路小跑着，恰恰迎面碰上一个胖太监，他的表情看起来像是要杀了我一样。我摸了摸我的左轮手枪，旅行的时候这把手枪我总会装在口袋里的，因为我很清楚，有一些白人在城市暴乱期间不见了，除非围攻结束，否则人身安全很难保证。

  最后，我找到了外庭和大门口，还有那些以为我迷路，差点就要放弃我的朋友们，就这样结束了我人生中富有故事性的一天。

第六章　万寿山——夏宫

前往圆明园皇家园林，也称为万园之园的地方去游览，过程很艰辛，建议你赶在阳光还不是很强的时候，坐当地的马车出发。在崎岖不平、满是尘土的小路上，大约要颠簸四个多小时。因为马车上没有安装弹簧而且向后倾斜，我觉得这是我乘坐过的最难以忍受的交通工具。

这片园林被高高地覆盖着琉璃瓦的红墙包围着，墙后绿油油的树木与之形成强烈的反差，吸引了众多艺术家的目光。在这些宏伟的建筑中，不时映入眼帘的是结实厚重的宽阔房顶、大理石质地的小桥、美丽的湖水，处处是丰富的色彩和华丽的造型。或许是因为实景太完美，每个细节都那么华丽迷人，艺术家们想画一幅华丽、简约而又写实的风景画,反而无从下手。外国人野蛮地借助武力闯入这片中国天堂,当时所造成的巨大破坏真是让人扼腕叹息!

据说这片园林里有 40 座宫殿,虽然有一些依旧惊艳,但大部分已急需修缮,无疑都失去了往昔的光彩。

最让我兴奋的是,绿树掩映之下,还有一座立有红色廊柱的建筑,房顶镶着金黄色琉璃,檐角弯弯地向上翘着。大理石桥可能是湖面上的主要景观。桥两头有大型的大理石狮子(非常像斗牛犬一样的动物)守护,石桥将陆地与一个方圆四分之一英里大小的小岛连接起来;小岛四周全部用大理石栏杆围了起来。岛上建了好多仙境般的宫殿,其中皇帝的夏季行宫,内部装饰或精致或怪异,皇朝美丽的女眷们让这里变得更迷人。与关在紫禁城陈旧的宫殿里相比,毫无疑问皇帝更喜欢一年中 10 个月都待在这里。皇室家族在这里消遣娱乐，也有许多玩笑故事，听说这个园林就是一个微型皇城，里面有多家店铺，卖的商品应有尽有。这也必定制造了机会，让女眷们掏光荷包，甚至把为主子卖力而拿到的特殊赏赐搭进去。这真是一个好市场，一定有珠宝、手表和机械玩具！

现在，许多建筑已然成为废墟，但斑驳的色彩还能让画家重新把它们画出来，就像它们依然屹立在那里。画中勾勒出黄皮肤、黑眼珠、衣着怪异的人群，还有留着长辫子的胖主人。最漂亮的建筑或者遗迹是一座小小的寺庙，房顶呈圆锥形，有黄绿相间的琉璃屋顶与廊柱，还有刷着厚油漆的木器。宝塔在造型和色彩上富有东方神韵，非常匀称；事实上，每一处的每个角落都是精彩的绘画题材，比起日本那些在彩色照片里看起来非常美丽迷人的寺庙，更适合作画。

奉天北陵

天坛

武昌老城门

紫禁城建筑

南口谷关

长城

武昌塔

小孤山

第七章　北京到南口

在过去的七八年里,中国发展飞快,铁路让旅行变得更加轻松;但是接下来我描述的这段旅程还是需要做一些准备,因为火车只是把你送到南口,而走完从南口到长城这段路需要骑驴子或坐黄包车。

我为我们一行人准备了三辆黄包车,分别载着我和仆从,还有我们的行李,从北京六国饭店到西直门。黄包车在街道上飞奔而过,遇到磕磕绊绊的时候,就会响起苦力们粗犷的呼喊声,我们这样一路向前跑过,路两旁有数不清的漂亮商店、房子、门廊和寺庙。眼前的色彩是多么瑰丽啊!红的绿的,黄的紫的,或深或浅的各种颜色形成鲜明对比却又极致融合。

在一座红色寺庙前，有一匹深棕色的骡子拉着一辆橄榄绿的北京马车，这一景象给我留下了极为深刻的印象。

运煤的驼队恰巧路过，停在树荫下休息，骆驼开始反刍。那些官宅高贵的黄色山墙和屋顶被一棵棵古树环抱着，四周凸起的厚墙头曲曲折折、若隐若现，真是太棒了！红色的泥墙，因受到时间的打磨已变得碎裂褪色，山墙顶是令人惊叹的金色琉璃。尽管得到许可可以进去，但是在墙外，画家就有充足的素材。

我们沿着这条苦力们每天挥汗如雨的笔直宽阔的大道行走，不像之前那样被遍地的营地或集市阻碍，就这样一直穿越了5英里。每个弯道都站着一位戴草帽、穿卡其布衣服的警察，手拿一根长棍。配着枪刺的士兵把守着所有的门和公共建筑。

这个地方的百姓都温顺有礼，几乎见不到

一个醉汉。有时他们有点嘈杂，但又很少会争辩，他们看起来都很憨厚、知足，我从没见过他们有不礼貌的举止。他们一心想要挣钱，在宫殿里只要看到外国游客，就会找一群向导、门卫或者外面的苦力去为游客介绍。

在西直门站，我花了不到 3 美元给自己买了一张一等座车票，给仆从买了二等座。不必担心行李，苦力们会为我们背着这些装满补给品的行囊和竹篮子，只需要付 50 美分就无需再费心。

对这种随时都有需必有所应的舒适感，美国人非常喜欢。在这个国度里，你自己提什么东西都不合体，像中国老话说的让你"没面子"。苦力和服务生这么廉价，所以你可以好好在这里践行"让自己活也让别人活"这一原则。

在南口站外，我看到车夫赶着一群大大小小的驴子。我自己选了一匹最大的驴子，又找了一匹较好的给仆从,然后就带着我们的行李,一路疾行,穿过一块布满碎石的平地,来到了一家中国旅店。

第八章 中国长城

中国的长城几乎无人不知无人不晓,绝对堪称一大世界奇迹。骑在驴背上往南口关走,会给旅行者一种绝无仅有的体验。几千号中国人来来往往,有赶着骆驼或者驴子的旅行团队,还有赶着成群的绵羊的,队伍长得看不到头,他们在艰难地往来行进中,多年如一日,循环往复。一队队的马或驴子拉的车外表美观,但没有弹簧减震,轮子硬邦邦的,在粗砺的道路上咯吱作响,恍如他们已经在这条路上行走了上千年。几年之后,铁皮火车将会通过南口关口,成为连通中俄之间重要的贸易通道。一家中国企业正在这里扎起营地,建造隧道,不久之后,这里的景色将会发生改变,古老国度里一幅曾如此引人入胜的美丽景象将永远消失。趁时间还不太晚,像我这样边走边看吧!在尘土飞扬的小路上,艰难地行走大约5个小时以后,你会看到一幅此生难忘的美景。在道路穿墙而过的地方,是一座塔台,装有两扇铁皮门,从这里你可以看到独特的景象:长城在山脊上无尽地蜿蜒,每个弯道处建有炮台堡垒。想象一下中国将士在长城上列阵击退匈奴的景象,这对于像伊万什金[①]这样的风景画家来说,该是多好的题材啊!

关于修筑长城的一个历史传说引起了我的兴趣。公元前215年,秦始皇执政的第32年,蒙恬大将军率三十万大军击退入侵的匈奴,夺回了河南地区[②]。从此以后,他修筑了西起甘

---

① 原文为Werechagin,音译为"伊万什金",可能是指俄罗斯风景画家伊万希施金(1832—1898)。——译者注
② 今内蒙古河套南鄂尔多斯市一带。——译者注

肃、东至山海关①，翻山越岭约一万里，大约超过3000英里的长城。下令完成这一浩大工程的皇帝，听说是一个买卖珠宝、古董的商人——吕不韦——的儿子。吕不韦凭借自己的阴险狡诈，想方设法在秦国朝廷中谋得一职。一次机缘巧合，太子子楚对吕不韦的小妾一见钟情，吕不韦就势将自己的小妾——一个已经怀孕的侍女——献给了太子。太子与侍女成亲不久，他的儿子出生了。就这样过了很多年，这个儿子成功超越父亲成为中国的皇帝。正如以前众多的研究题材中所提到的，这位年轻人年仅13岁就控制朝廷，并掌握了实权。这个皇帝执政后做的第一件事，就是把他的亲生父亲吕不韦升为丞相。多年后，父子俩征服了长城以南所有的国家，让人们恐惧与仇恨。

---

① 此处应为作者记述有误。秦朝蒙恬修筑的长城西起甘肃、东至辽东，明朝以后才修至山海关。——译者注

从南口返程的时候,落日余晖勾勒出一片特别美丽的景色。黑夜慢慢降临,时间也愈加紧迫,尽管我相信我骑的这头结实强健的驴子会认清路,但它被绊了几次之后,还是让我特别警觉起来。

太阳落山后,我们停下了行程,不出所料,这样的光线下根本找不到路。第二天,旅行队早早就启程,开始长途跋涉地继续赶路了。反虐待动物协会在这里可以大有作为,因为在东方国家很少有人把牛马动物当朋友。我们曾遇上一个骆驼队,其中一头骆驼掉了队,在痛苦地哀嚎。检查它的背部以后,我们发现它背上的货物刚刚卸走,背上有个很大的伤口在流脓。路上还遇到一头小毛驴的降生,主人自豪地把小毛驴抱在怀里,而小驴的母亲则需要继续干活。

终于回到了我们住的中国旅馆,我的内心

觉得痛苦而疲惫。对于这家中国旅馆来说，我的房间相对比较干净，但我还是在床上洒了些跳蚤药，然后美美地睡了，也没有去理会外面那些本地人的谈笑声。床下面有个火炉，我推测这里的冬天会很冷。地板就是在泥土上面铺些砖，我猜想已是很多年都没擦洗了。墙里响起耗子的窜动声，但这并不妨碍我，我用甜美的睡眠静静地结束了这忙碌的一天。

第九章 长江

长江水从百里之外的山谷中冲下来，夹杂着几百万吨泥沙，江水的颜色如豌豆汤一般，一刻不停歇地向前流淌。

每天，从上海出发前往南口的航船非常舒适，虽然三天的航行，游客也只能目睹这条巨河600英里的景色，但旅程仍然非常愉快。在重要的港口，航船会靠岸休整，这里有专门为外国人提供住宿的地方。

到镇江的河口之前，沿途都是平坦无趣的村庄，但在被群山环绕的小城里，也有大量的题材可供艺术家用妙笔来描绘。比如银子岛、金子岛，现在已经形成一个半岛，从1842年起，河流从这里逐渐改变了流向。那一年，镇江四面环水,英国舰船攻占南京时击破了它的要塞。[①]这里的小山外表看起来相互独立,每一面山坡上都有墓穴。事实上,据说它是地球上最大的陵墓群。寥寥几块墓碑归总了成千上万故去之人的骸骨,数得清的几个土堆标示着他们的长眠之所。而那些马蹄形的官坟在某种程度上显得有些格格不入。

南京这座中国明朝的古老都城,是长江流域又一胜地,它四面环山,就在离河谷约两三英里远的地方。现在可以从上海乘火车前往。南京在 1842 年被高夫子爵攻陷[②];又于 1853 年被太平军攻破再受重创;1864 年 7 月 19 日,

---

① "金子岛""银子岛"为根据原文直译。经查,应为金山、焦山,从马可·波罗时代起,西方人就将镇江的金山称为"金岛"(Golden Island),将焦山称为银岛(Silver Island),由于长江河床变动,金山已经与陆地相连。1842 年 7 月,英军为了占领扬子江,攻破镇江要塞焦山炮台,占领镇江。——译者注

② 休·高夫(1779—1869),英国陆军首领,第一次鸦片战争时的英军司令。——译者注

再次被清军夺回。南京城墙总长约22英里，但是现在里面大部分已经是一片荒芜。这里曾经屹立着让南京引以为豪、闻名遐迩的大报恩寺，如今只有一堆废墟记录着它的痕迹。

我们的轮船接下来到达的地方是芜湖，它位于镇江和九江之间，是"青草和湖水"的意思。这是个繁忙之地，毗邻丝绸产区南陵，有两条重要的运河流经这里。这里还是出口大米的大型港口，通常会有几艘装载着货物的轮船通往海上。南陵城建在一个山谷中，城后的乡村间有很多小山，风景绝美。乘坐船屋沿溪流而下找寻，可以欣赏到非常秀美的景色。这条河流周边被视为最佳射猎地带，这里经常有成群的野鸭、水鸭和白鹅，在过去，周边的山上还有大量野鸡。由于上海对这些野物的市场需求量剧增，为了外销，当地的户外捕猎者对鸟禽进行了大规模射杀。非常可惜的是，这种一年到头不停的射杀导致野鸡数量大幅减少。幼小的鹿和野猪也遭到射杀，以往，狂热的上海猎人总是满载而归。春猎一般是在4月份，猎人穿越周边的村子，去稻田里，去沼泽地，或者是去庄稼地里，总能得到大量的猎物。当地人用陷阱捕了很多，用他们的抬枪则射杀得更多。抬枪有一根老旧的铁枪筒或枪管，固定在一块木架上，里面混装上火药、泥土和铁弹。由于子弹比较昂贵且稀有，猎人们凭着枪底部和点火孔的导火线，千方百计去射杀更多的鸟。我猜，即便如此，在他们歪歪斜斜地把枪弹打出去的时候，鸟儿大部分已经被吓飞了。

去九江会经过鄱阳湖，在鄱阳湖与长江的交汇处，湖水中央矗立着一座岩石小岛，叫做小孤山，英语是"小孤儿"的意思。由于这座山所处位置孤立且高达250英尺，所以看起来非常雄伟。山上的岩石多处被竹子和冷杉覆盖，最顶端是一座有着两层屋顶、看起来像宝塔的寺庙。在山的西面，最险峻的山峰下，还有一座寺庙，一部分建在山洞里，无论从哪个角度都能看到。有檐角的房顶和建筑上橘黄色的墙壁隐约从树丛和高耸的竹子中显露出来，特别美妙。羊群和成群的鸬鹚为这景色更增添了灵动，岛上停泊着当地精美的船只，船员们正忙着打鱼，来来回回，船帆升起降下，炊烟袅袅，构成了一幅瑰丽的图画。

在湖中离小孤山不远处，屹立着一座与之相望的小岛，当地有个传说，这座岛是从形单影只的孤山上分裂出来，被冲到了湖口的。

下一个美丽的小港是九江，位于江西省长江边上的鄱阳湖出水口附近。1853年，九江被太平军占据，几乎被毁，但是今天它正不断恢复昔日的繁荣。城墙沿河而建，眼前一座宝塔引人注目，还有一座塔立于城中心，背靠孤山，所有这些构成了一幅迷人的画卷。九江的茶叶贸易曾一度辉煌，但是已经成为过去，现在，当地都是用船把茶叶运入上海市场。以瓷器制作而闻名的景德镇离此处不算太远。九江小城背面蔚为壮观的山脉中，位于海拔约3600英尺高处的牯岭，是居住在长江河谷里的外国人所钟爱的避暑胜地，从山顶俯瞰会有许多绮丽的景色。就在这风景宜人的小山谷之中，我在一间度假屋里度过了非常愉快的日子，每天可以在阳台下的泳池中游来游去，十分惬意。

从这里到汉口，大约需要走一夜，汉口是另一座重要的城市。从九江到汉口，长江上每个港口的景观都非常美丽迷人。

游客必须在汉口换船前往宜昌，然后再换乘一艘小汽船，一直航行到三峡上游的重庆。此次船屋之旅非常幸运，我在后面长江三峡章节中会有叙述。

第十章 南京明陵[①]

旅行中,我和我的朋友们在南京乘当地车去了皇宫遗址和洪武皇帝陵。洪武是明朝的开国皇帝,卒于1398年。

穿过皇城的大门,我们进入了曾经的明朝皇城。现如今这里几乎没有了繁华与宏伟的迹象,只有一些断壁残垣、几个损毁的门廊。我们费劲地攀上东门城墙顶端,遗址的面貌一览无余。宫殿大门高超过70英尺,从仍然清晰可见的大量柱基推断,在它的上面曾经应该有过一座庙宇。行至右侧,我们看到了所谓的"冷

---

① 即明孝陵。——编者注

宫",像"蓝胡子房间"①的一种,一个狭长、低矮、单层的建筑,上面只有一个封闭着的窗户。当后宫女眷产生内斗的时候,皇帝会把任性而难管的妻妾关进这里。

从城墙上下来,横穿马路,走过一座大理石桥,我们便进入了一处小建筑群,其中有一个带花园的小寺庙。远处的角落里,有个被毁的凉亭,上面有一块"血字石",是一块高 12 英尺、宽 3 英尺、有半个脚掌厚的厚石板。面朝着入口的那一面上记录了一位大臣的勇敢事迹(姓名被涂掉了)。这位大臣因为反对皇帝的旨意被割去舌头,而这位皇帝其实是他的亲生儿子。这只是一个传说故事,以下是粗略的翻译。

---

① 蓝胡子是由法国诗人夏尔·佩罗所创作的童话,同时也是故事主角的名字。蓝胡子娶了多位妻子,但都被他杀害了,他将她们的尸体锁在一个小房间里。——译者注

年老的鞑靼皇帝爱慕大臣的妻子，于是就娶了她，并且封她为皇后。但是，皇帝随后就发现她怀上了孩子，他非常气愤。皇后深爱她原来的丈夫，她欣喜地认为这个孩子（如果是男孩的话）将会继承皇位。老天创造了一个奇迹，这个孩子直到她婚后第12个月才出生。但是皇帝不喜欢这个儿子，于是，当他第二个儿子出生后，皇帝视他为"长子"，而无视第一个儿子。皇后总是担心有人危及自己的荣华富贵，当有一天皇帝只给了大儿子一个橘子而没给小儿子的时候，这位母亲怕他中毒，就把橘子给一个奴隶吃了，奴隶当场痛苦身亡。然后，她把这个大儿子送走，假装他已过世。

消失20多年后的一天，当大儿子率兵出现并且袭击了皇帝的时候，她震惊了。她认定这个儿子肯定会被皇帝杀死，于是她在悲痛中自杀了。然而，战死的是那位老态龙钟的皇帝和他的二儿子，大儿子夺得了皇位。当朝廷贵族们被下令对他宣誓效忠之时，这位大臣——他的亲生父亲严词拒绝，坚定地说："不，你这个谋权篡位之人！"这位年轻的皇帝顿时火冒三丈，当场在朝堂之上割去了大臣的舌头。当血溅出来的时候，这位受刑的父亲弯下腰，用手指蘸血在墙上写下了"谋权篡位者"几个血字。

这个大儿子成为明朝的开国皇帝[1]，即明陵的建造者（占有者）。今天，你依然能够看到用血书写的几个汉字，它们已经被重新涂了色。

离开这个悲剧的场所之后，我们步行穿过城门，来到了四面丘陵的原野上。走了约一英里路，我们到达通往墓穴的路口，路口有一座

---

[1] 这个关于明朝开国皇帝的传说，没有查到历史依据，应是作者了解有误，也可能是作者当时的随行翻译解读有误。——译者注

庞大的砖构建筑，基座高于地面八九英尺，全部由雕刻精美的大理石组成。黄绿相间的琉璃屋顶已被太平军毁坏了，这些琉璃瓦没有卖给各地来的旅行者，而是被附近的农民拿走，与那些碎砖块一起被垒成了墙。

继续往前走，在另一座结构类似的建筑里面，有一块雕刻着龙纹的碑，上面深深镌刻着的铭文讲述了这座墓建造的时间和它的主人。墓碑立在龟背上，这只龟约7英尺高，体形硕大，雕刻极为精美。遗憾的是龟身的一部分早已被凿掉。

我们沿着立有28座石像的道路前行，石像有人像也有动物像，每4个一组。动物像每组二卧二立，路的两侧各有一对，分别由两根圆柱隔开。人像中有8座男人像、4座武士像、4座祭司像。这些石像全部是用大理石精工雕刻而成的，每一处都非常精细。

穿过一座三重桥，再走上九级台阶，在台阶中间立着一块厚厚的刻着龙纹的大理石板。放这块石板是为了阻挡魔鬼的魂灵，不让它们进入这神圣的区域。我们毫无障碍地进入了一个宽敞的房间，里面为伟大的逝者立了石碑，还有一条低矮的长长的用来献祭的石桌。天花板上照惯例绘着中国艺术作品中频繁出现的苍鹭。经过一条五六英尺宽的两侧有许多柱基的大理石路，穿过一个稀稀疏疏生长着玫瑰、紫藤还有蕨类植物的大大的庭院，我们进入另一个入口。里面有几座碑，碑顶为雕刻的花纹，碑身镌刻着赞颂明朝第一位掌权者荣耀的文字。这里曾经有个大理石做的大缸，据说是朝拜之人清洗手脚时用的。到这里也是需要走九级台阶的，台阶中间刻有祥龙图案。从另一侧下去，我们走过一个与前面相似的庭院，到了最后一个大门。从这里出去后的小院里有两间小木屋，守墓人就住在那里，他们拿着微薄的薪俸，靠卖墓穴的琉璃贴补收入。从另一条通向石桥的小径走过去，就到了陵墓。前面是一座高大的白色大理石建筑，比基石高六七英尺，大约有八英尺高、八英尺长。中间是一条敞开的过道，你可以径直走到后面的墓堆上，墓里面就埋着伟大皇帝的尸骨。墓堆顶上曾经有一座塔，因被太平军当成了瞭望台和兵营，现已损毁。砖构建筑和宽厚围墙上奇妙的色彩依然美丽，几个世纪都没有让它明亮的色彩褪去。

第十一章　汉口

汉口位于汉水与长江交汇处，刚好和武昌隔河相对。汉口占地600平方英里，总人口约100万。汉口在1861年开放对外贸易，第一批进驻的是英国人，他们在城市的最东头定居下来。太平天国事件发生以后，清政府向其他外国势力做出妥协，英国、俄国、法国、德国和日本先后在这里设立租界。辛亥革命结束后，中国夺回了德租界，同时苏联交回了俄租界。至今，这里的人们还在按部就班地工作。

现在，汉口最重要的出口贸易商品是大豆和以水牛皮为主的毛皮，还有其他众多的各类贸易品。

作为一名35年前就开始了解茶叶的老茶

师（品茶人），我将冒昧地向您简要介绍一下汉口的茶叶贸易，当时，汉口的茶叶贸易还非常广泛且收益颇丰。自古以来，茶师被看作是非常富有的商人，因为这是一份收入颇高的职业。他们一年当中有三个月的时间，特别是5月、6月和7月，都要处于高度紧张的工作状态，其他时间他们可做的事情寥寥。这是一门具有吸引力又有投机性的生意，竞争非常激烈。狡猾的"中国佬约翰"①们常常为了自己的利益操纵市场，导致外国的买主付出了高价。事实通常会证明出口商总是损失惨重。年轻稚嫩的茶师会被送到伦敦的茶厂当几年学徒，他们需要

---

① "中国佬约翰"，是19世纪西方人丑化中国人尤其是中国劳工的蔑称，最早出自美国作家布勒特·哈特（Bret Harte）的笔端。布勒特·哈特于19世纪70年代发表了一系列短篇故事。在他笔下，中国人怪异、诡秘、不可理解，讲一口洋泾浜英语，其表面的愚蠢、木讷掩盖的是本质的邪恶和诡计多端。——译者注

学习如何给不同种类的茶叶定级和定价。这些学徒在伦敦茶厂销售厅里度过多年,不仅没有工资,而且在过去那个美好的时代学徒习艺是要付费的,因此,他们理所当然地会自视甚高。在年轻的时候,付出这么一段重要的时间去当学徒,而不是去学习实际上最难、最有技术含量的贸易,这让我担忧。1884年,我作为年轻的茶师被派到中国来。当时英国很多的老茶叶公司,像梅特兰公司、亚当逊公司、乔治·奥列佛公司、巴特费尔德·斯沃尔公司、贾丁·马西森公司、罗伯特·安德森公司等以及其他一些公司,还在做着大宗的茶叶贸易。它们中好多如今已经不存在了,最后只剩下其中的两家公司仍在购买中国茶叶。巴特费尔德·斯沃尔公司为了发展船运业已经放弃了茶叶贸易,现在它已经位居新行业之首了。

我来到中国时恰好见证了茶叶贸易的繁荣

兴旺，当时我们有七八艘大型货轮满载着茶叶驶向伦敦。"斯特灵堡号"每吨运费收6英镑，超越了"摩云号"，这是茶叶贸易鼎盛期的末年。那些日子，我们茶师每天早上必须5点起床，尽自己最快的速度买到茶叶。一直到6月底，我们都要在高度紧张的状态下维持生意运转。整个忙碌的季节将在7月底结束。忙碌的季节结束后，我们有短暂的停歇，也有人去上海采购新茶。

在汉口和福州，当电台对第一批托运到伦敦市场的茶叶进行报道时，尽管当时的结果并不乐观，但大班（洋行老板）还是第一个加入茶师和他们一道进行庆祝。

听说，在我的家乡，像医生等通晓事理之人，仍旧在喝精致的中国茶叶，这令人欢欣鼓舞，我们也希望他们一直这么做。

北京至汉口的铁路建完通车后，好多通用

商务公司落户汉口。现在，通往广东的铁路也已完工，汉口的贸易很有可能会持续增长，直到有一天其在重要性上仅次于上海。从汉口出发，经北京和哈尔滨，用大约两周的时间回到我在英国的家已经成为可能。当铁路继续延伸，从北京经南口，再沿古老的丝绸之路穿越戈壁沙漠，旅程将会缩短到九天或十天，无疑这将使中欧贸易数量大大提升。

与汉口西部相临的汉阳也正在迅猛发展，这里的钢铁工厂现在已具备较大规模。汉口对面，渡过约一英里宽的长江，是一个古老而重要的城市武昌，它的规模也在不断增加。在画中，你会看到古老的城门，以及从宽阔的江面通往中心街道的石阶（见彩页《武昌老城门》）。现在，汉口、汉阳和武昌被国民政府统称为武汉。

第十二章 长江三峡

除了汉口和宜昌以外，很少有游客会穿行至中国其他内陆城市，但是有很多人一直梦想着远上，去体验"长江之险"。或许有人会对我如何完成这趟旅行感兴趣。

1890年4月上旬，我从汉口乘坐轮船到了宜昌，怀揣着一封写给宜昌港中国海关一位"好心人"的介绍信。我听说这位"好心人"拥有一艘船屋，已经走过我计划要走的这条旅行路线了，他能把船借给我真是最幸运的事，因为这会大大增加这趟旅行的舒适度。中国传统的营运船只不像在其他一些东方国家那样便利，每次搭乘都需要蹲坐上几个小时。这种船在离甲板4英尺高的地方有张拱形的草席，盖住船舱，搭成一个隧道一样的房间，里面透风，但漆黑，所以阴雨天时乘坐这种船长途跋涉绝对不会好受。

汉口、宜昌，包括湖北平原上其他地方的景色不是很秀丽，直到从宜昌溯江而上大约10英里，到达第一个峡谷"虎牙峡"①。长江从此处穿过，两侧的山脉最高峰约2600英尺，峡谷约700码②宽、2英里长。因为散立着一些小山，这里的风景不像宜昌上游的峡谷那样壮观，但是当我们穿过一个村落之后，眼前的景象让人印象深刻。

在宜昌附近，高出长江300英尺的地方，在一块岩石顶端有一座佛教寺庙，景色看起来非常不错。

---

① 原文为 Ha Ya Xia，音译为"虎牙峡"。根据地理位置判断，可能是指长江石牌段峡谷。——编者注
② 长度单位，1码约等于0.9米。——编者注

乘轮船到达宜昌之后，我立即去拜访了那位"好心人"，他很热情地接待了我，而且帮我储备物品、雇佣船员。他还把他的二厨借给我用，这个人确实能够为我准备一些简单的饭菜。事实证明，在口译方面，他对我也很有帮助，因为我带来的广东仆从不懂这一带的方言，当然也没法给船老大下指令。对于一个新手，在没有别人援助的情况下，安排这样一次旅行很不轻松，更何况有那么多事情需要考虑，还要照看好自己的财物。唯一可用的货币是铜钱（1美元相当于800铜钱），很难计算我们需要带多少铜钱来支付我们数量庞大的船员、拉纤苦力的费用，也不知道要给自己和服务生们带多少新鲜食物。

当最后集合起我们的物资、服务生和船员，我认为万事俱备的时候，就号令出发。但是厨师告诉我的仆从，他还没有和他的妻子告别。

当他结束了温柔的离别时,船老大也想起来他必须对他的妻子温情地说一声再见。与这些人相处,我们需要有足够的耐心。终于,船儿悠闲从容地出发了,让人愉快的是,我也恰好完成了粮食补给任务。

据说因为一场从蒙古沙漠①吹来的沙尘,周边的村子看起来都朦朦胧胧的,这给地平线上的景色平添了神秘气息,呈现出非常美的灰白色调。

在这里能见到水獭渔业公司。去看水獭被训练得能钻进河底的泥里,把鱼驱赶到渔网中,然后工人再把正在捕小鱼的大鱼和小鱼一起兜住,真是一件有趣的事情。水獭被拴在一根绳子上,以防它们逃脱。

在宜昌上游,长江的有些水域几乎有1英

---

① 指戈壁沙漠。——编者注

里宽，看上去像苏格兰狭长的海湾一样。继续前行几英里后，你会看到险峻的石灰岩峭壁，峭壁之间江水变窄至大约500码。船行过悬崖峭壁后，到了"黄猫峡"入口，外国人称之为宜昌峡，赫然映入眼帘的景色美不胜收。照片无法表现它的庞大规模，恐怕我的画也不能表达出它壮观的全部。我觉得我在序言末尾引用的拜伦的诗句化解了这一难题，那诗句恰到好处地描绘了一幅极好的风景画卷。

不仅是长江两岸高耸的峭壁，还有它们别具一格的景色都让人过目难忘，峭壁上满是由江水持续冲击而形成的巨大裂缝和岩洞。据说，在好多峡谷中，因为被激流经年累月地冲刷，有些地方水深达100英寻[①]。初进峡谷入口，我惊讶于忽然变暗的光线，尤其是在下午时分，

---

① 英寻为测量水深的长度单位，1英寻约等于1.8米。——译者注

高山峻岭遮天蔽日。峡谷里昏暗寂静，只有当飞鸟的鸣叫声回荡在峡谷中的时候，或者当顺流而下的舢板上船员们边划桨边大声唱号子的时候，才会打破这可怕的寂静。

在那些大船上，指挥唱号子的可能是船长，他在甲板上又唱又跳，为大家鼓劲加油。当船行至非常险要的地方时，他敲着锣领着唱号子，让自己和船员们进入一种激情澎湃的状态。他们疯狂地踏着甲板，像是在皮鞭下劳动的魔鬼一样，嘴里喊着可怕的咒语，我想，直到危险时刻过去，他们才会停下手中划的桨，让船滑入安全的水域。

在高大的峭壁之上，我见到一些用羚羊皮搭建的小屋，还有一些种植的蔬菜形成了一小块绿地；我还发现在高出江面的岩洞里，有些山中隐士以洞为家，真不知道他们是怎么上去的，如果他们也有家人，不知会不会有人掉到江里。

江左岸的峡谷高处,在陡峭的山崖边上,可以隐约看到一些美丽的村落,山上的土壤适合种植多种作物。

峡谷的最高处有奇特的"天堂之柱",蓝黑色的石灰岩山峰高耸在江面上,高约2000英尺,成为一个引人注目的地标。我们在这附近停锚过夜,第二天一早再乘小船顺流而下。小船停泊在一条小溪边,再走过一条岩石小路,我们到了一座由坚硬岩石凿成的寺庙,它让我想到了微型的埃勒凡塔石窟①。很遗憾我忘记了这座寺庙的名字,但是去旅行的游客们不要错过参观这个岩石寺庙,这是一个真正奇特的地下圣地。

返回船屋之后,我们再次扬帆起航,即使

---

① 中世纪印度教石窟,在孟买以东的阿拉伯海上。——译者注

借助划桨，船依然行进缓慢。最终我们走出了峡谷，看到了两边的旷野，然而前方仍是阵阵急流。在这里需要有拉纤人帮忙。拉纤的人们自成一景，他们有时是40个或者50个人，从他们发出的嘈杂的叫喊声中，我们就会发现这不是一件容易的事。实际上，他们有时要攀爬上很高的岩石，有时几个头头会跳入水中，将船缆绕过凸出来的圆石。不用说，他们会脱光所有的衣服。纤夫长长的队列看起来就像一条巨大的黄蜈蚣，这一景象为艺术家提供了一个宏伟的题材。

这里的岩石属花岗岩，过去肯定有过一次大的地壳隆起，因为水道里布满了巨大的岩石块。从空旷的河道中眺望，远山非常雄伟，我想它们应该接近1万英尺高。我不会一一提及路上的峡谷、激流还有村落，这会让读者疲劳，我会只挑那些最美最迷人的来讲。

在第三大峡谷崆岭峡，微风轻起，这让我们的船不再需要拉纤，那些船员高兴极了。我们愉快地起航，在甲板上悠然自得地走来走去，船员们有的回到小小的船舱，在那里抽着烟斗，常以聚在一起赌博为乐。

我们很快穿出峡谷到了大通镇，这一段涌流长度达9英里。我们的船在一个狭小的航行通道中缓慢航行，让苦力们能够更轻松地拉纤。与我们相遇的几艘大型舢板，有很多苦力用竹编绳子拉着，这需要用很大的力气，因为舢板必须得走主水道，因此它们装有很长的桅杆，而我们装着小桅杆的船轻轻松松地就通过了。我们的船虽撞碎了几块石头，但因为船是橡木底的，因此船身毫无损伤。缆绳被突出来的一块石头划断了，船身突然旋转摇晃起来，我们的船再度加速行进，比来的时候速度加快了，吆喝声又起来了，苦力们纷纷与船老大争辩着，都在为再次找到最合适的地方靠岸出主意。经过巨大的努力，又是拉桅杆又是划桨，我们终于将船靠了岸。纤夫又捆上缆绳留在同一个地方继续战斗去了。老天爷真是一个能耐住性子的野兽!

这段急流两边布满岩石，当地船只在顺流而下的途中有很多都触石破损——通常是甲板上所有的护栏都不见了。竹编的绳子会被突出的花岗岩石块磨断，听说一根绳的寿命只够穿过一个山谷。

所有峡谷中最奇异、最像隧道的应属铜陵峡[1]，它从一座山的中间穿过，峭壁矗立于水上，即使还没日落，这里已经特别暗了。多雷[2]，那

---

[1] 原文为 Tun Ling Gorge，音译为"铜陵峡"。根据地理位置推测，应该是指西陵峡。——译者注
[2] 应为古斯塔夫·多雷（1832—1883），19世纪法国著名的插图画家。——译者注

位伟大的画家或许能从这里找到灵感,但他也很难画出这种雄伟的感觉,也无法表现出水的神奇威力,没法表达是曾不断发生地壳运动才让江水从此流过。

经过前面这个峡谷,我们很快进入了新滩急流段,据说这里是长江上水速最快的地方。加德纳领事的船在这里失事,差点让他丧命。[①] 在离急流不远的地方,我们看到一大片驳运货物上行的舢板,舢板在水中起伏跳跃着,船上的货物将被转移到上千个当地人的背上。这些当地人聚到这里,在水流湍急段驮运货包,只是因为太迫切地想赚些钱。从附近的一处山顶往下看,我看到这样一幅景色:忙碌的苦力将舢板上的货卸下来,然后排成长队把货物背过

---

① 这一事件是指1883年,英国驻汉口领事加德纳和朋友游览三峡时,在新滩翻船,所幸当时他们正在岸上行走,只是行李全部丧失。——译者注

岩岸，再穿过青滩镇①蜿蜒漫长的街道。当他们经过兵书峡时，两岸的青山高耸，足有1500英尺，山脚下的江水听说也是一样的深度。

缓缓航行过这个峡谷，前面是一个群山环绕的山谷，美丽的景色让我们大饱眼福。我目测，山的高度约有4000—5000英尺。前行6英里左右，我们抵达了一座被城墙包围的秀丽城市——夔州②。夔州坐落在300英尺高的长江断崖上，这是作画的好题材。我们就在夔州停船过夜，因为船老大和厨师要去买些东西。第二天一早，我们沿夔州水域溯游而上，途中看到在一面山坡上种满了一块一块的庄稼，一直到山脚下，为沿途的景色增添了色彩，让人

---

① 指新滩镇，又称青滩镇，原是三峡中的一座千年古镇，地处西陵峡牛肝马肺峡和兵书峡之间，跨南北两岸。因地质灾害原因，古镇现已消失。——编者注
② 今重庆奉节。——编者注

印象极为深刻。再往上游走，冒着缆绳断掉、人身安全受到威胁的危险，我们来到了一段急流水域。当拉纤人绕着岩石拉动纤绳时，那激动人心的一幕在这里再次上演。但这些经历只会使你对这次旅行增加强烈的兴趣和好奇心。之后，我们进入了一段水域，沿岸是表面呈深红色的山，山后面是被开垦耕种的小块的土地，明快碧绿的土地与红色砂岩山形成了鲜明反差。

有座七层宝塔优雅地屹立在巴东，艺术家真应该留下来画一幅画。在江岸和城郊建有许多佛塔，因为当地人相信这些佛塔能保护这片土地的风水并带来好运气。不远处能看到煤矿的标志，那里正以一种非常原始的方式作业。周边的村庄非常荒凉，我们也早已被无休止的急流弄得疲惫不堪。你们看得也和我一样疲惫了吧，所以我还是赶紧去巫山附近，看看抵达四川后见到的第一大峡谷巫峡吧。

中国人说巫峡深不见底。确实,巫峡两岸的山峰高达2000—3000英尺,远处的山峰更高。有的地方岩壁如削,真难以想象这是由水流雕刻而成。峡谷左侧1500英尺的山顶上,有座文峰山,上有文峰观,立在高处俯视着长江。沿长江而上,在地势较高处,我们路过一个峡谷,叫做铁棺峡,我之所以会提到它,是因为绑在这里的铁链子正好可以让船员们拉住,要不然他们会没有抓手,因为流水的不断冲刷已经让岩石表面变得很光滑。

从巫山向上游行走5英里,我们到了最后一个峡谷风箱峡,它与铁匠的风箱相似,外形看上去像个椭圆形的箱子。这里的峭壁高达4000英尺,四周的风景雄奇壮丽,让人真想尽可能多待几天。

从这里到重庆路过的那些乡村的景色我不

想赘述,这只会让读者心生倦意。我更想告诉你,这趟旅程中最美好的一段结束了,除了最痴迷的旅行者或是还想去重庆的人以外,可能没人打算继续沿长江航行了。

汉口

长江三峡

长江坪山

苏州河

杭州城

宁波

鼓山

福州

第十三章　上海及周边

上海是一个花园城市,位于江苏平原的边缘,是中国人口密度最大的区域。这里是对外贸易的商业中心,距离黄浦江 18 英里,黄浦江在离吴淞口不远的地方汇入长江。

大型远洋客轮找领航员将他们从海边带到这里,然后将乘客和邮包转运到小船上,再沿黄浦江行至上海。因为河床不断变化,导致轮船频繁地冲上泥岸,因此只有在水位升高的时候,吃水深的船才能在江上行进。

乘轮船沿黄浦江而上,你会深深惊讶于河畔上数量众多的手工作坊、制造厂和船坞,与中国其他港口相比,这里看起来更加西洋化。再走一段,一大片秀丽的景色映入眼帘。右手边是苏州河,前方是美丽的皇家园林;向左一个急转弯,沿河两岸,看到的是清秀的绿树、草地,还有上海外滩富商、银行家和各类政府机构的宏伟建筑,位于中心的是海关大楼,上面立有大型钟楼,与远处的码头遥遥相望。

然后,乘小船继续前行,就到了法租界和上海市区,这里绝不能错过。尽管现在火车能通往苏州、镇江和南京,但艺术家们最大的兴趣还是乘坐船屋去旅行。乘船屋将会让你在周边的溪流中,尤其是在嘉兴周边发现令人惊喜的题材。我想简要陈述一下走水路去杭州的旅程,其中会提及一些最最有趣的地方。杭州城里可能没有多少意思,因为它没有精致的建筑。据说那些建筑都被三合会①和太平军毁掉了。然而湖心亭是值得看的。

对于喜欢孩子的人来说,上海徐家汇天主

---

① 清朝民间秘密组织。——译者注

大教堂当然值得去看一看，那里的圣母玛利亚和修女们会时刻准备着，欢迎访客并给大家介绍这座建筑的建造工艺。

上海租界是最受外国人喜爱的地方。这里有很不错的俱乐部，几乎囊括了各类运动项目，其中有一项运动是骑着小马从租界的南端到西端，在马上打纸牌猎[①]，人们挤满了整条小溪，激起阵阵水花。这项运动中，蒙古小马承受很大的运动量。春季和秋季的比赛都是在公休日进行的，当地人也表现出了极大的兴趣，纷纷

[①] "纸牌猎"是译者根据原文提出的说法，实际上是一种野外赛马活动，叫做猎纸赛（The Paper Hunt），是19世纪西人社区重要的娱乐项目。在比赛前一天，由马夫在比赛路线上抛撒碎纸，或断或续，或田或河，无规律可循。比赛当天，参赛者跟随纸片骑马紧追，以最先到达纸尽处者为胜。上海猎纸会是专门主持猎纸活动的俱乐部。只要能养得起一匹马的人，都有资格成为俱乐部成员。在上海举行猎纸活动最早可追溯到1855年，后因太平天国运动一度停止。1863年租界局势稳定后又恢复，以后每年举行，20世纪40年代初告终。——译者注

下赌注。那些叫做"愣头青"的小家伙是一些未经赛事检验的小马,它们被从蒙古买来之后,再用汽船长途跋涉运过来,然后被大批拍卖掉。因为这些牲畜并不是很值钱,所以如果谁比较幸运的话,会发现很多优质小马驹。因为下赌注的人很多,尽管那些小马只允许优雅的马师骑,但个别自认为差不多的人也会上场比赛并取胜,偶尔也能看到有些认为自己必胜的人被完败。

"愣头青"也是对刚走向社会的年轻人的称谓,他们需要一些时间来摆脱这个名字。

这个著名的公共租借地有所谓专门的政府机构,因为,尽管每个国家都有领事作为代表,但当地的政府还是要统管各租界。

1863年,英美租界合并,居住在这里的外国家庭共同推选出一个由7人组成的理事会,让理事会负责政府事务和租界的治安。目前,租界已经拥有约 2 万外国人和 20 多万本地人。相邻的是法租界,虽设有市政议会,但实际上,其治理体系与其他的法国殖民地管理模式一样,并没有多少改善。

对艺术家们来说,从这里出发可以有很多有趣的短途旅行。其中一个是去普陀岛,那是我最喜欢的朝拜圣地。那里的寺庙据说是中国第二灵验的,仅次于峨眉山。普陀岛的确是一个美丽的景点,是住在上海的外国人很喜欢去的地方。

就在我开始动笔写这篇关于上海的文章的这段时间,租借地,尤其是法租界,又进行了大规模的扩张,而且,一个最新式的跑马场已经开放,备受青睐。

大革命造成了影响发展进程的各种各样的因素。毫无疑问,将来稳固的政府成立以后,上海公共租借地将再次开展大型的贸易。

第十四章 杭州之行

接下来,从上海搭乘船屋出发的一段愉快旅途,或许可以让你对中国商业大鳄(中国人称之为"买办")的娱乐方式有些了解。各种有趣的活动层出不穷,比如到上海周边无人涉足的地方探险,在河道纵横、溪水环绕的最丰美的山谷中,在美丽的乡村里,可以随手拍几张照片。溪水穿过起伏的群山,山上一片片青草夹杂着石楠花,各种花儿一望无际,或许你可以努力将这些美景画到纸上或画布上,记录下这些非同寻常的色彩与别致的景色。

布兰迪的书《船屋上的日子》①会提供一些

---

① 1909 年,由伦敦的 Edward Arnold 出版社出版。——编者注

赏心悦目的图片，并以一种轻松的方式讲述如何在制作精良的船上生活。我只斗胆讲述一点这段旅途中如画一般的景象。

那时的船屋各有不同，但大部分由平底板和遮风板构成，用于浅溪之上航行。遮风板在船的两侧各有一块，根据需要收放，发挥了龙骨和中心升降板的角色；中心升降板主要是在行船不够稳的时候用，可想而知船里面的可用空间就比较受限制了。在船首的甲板下面住着四分之一的船员，大一点的船屋里能装下六至八个人，关键是，里面还有狗狗的住处。在前面凹进去的地方是一块沉下去的小甲板，下面有个小小的空间，放着为欧洲的买办和他们的客人准备的两三把藤椅。有一扇门通往主船舱，这里是餐厅，天气差的时候也当作起居室。舱内两侧设有白天晚上都可以用的铺位，铺下面是储物柜和衣柜。还有一个稍小点的里间是为多出来的客人准备的,紧挨着的是一个给男仆住的微型的小房间,也用作厨房和食物橱。这里装下了生活必需品、食物等所有东西,简直是个奇迹。船尾是架高的甲板,船老大,也就是船长,就住在那下面。甲板上面是船橹,有弯弯的把手和链子或是缆绳附着点。

我们大声吆喝着,用力撑着杆,历尽千辛万苦,终于从一堆船中间挤过去,驶向了苏州河。通常,坐船能快一点结束乏味的旅程。有时,有的人也会驶向离苏州河几英里远的极司菲尔路[①],在 Tre Fan Cha 花园附近安排一场聚会,这样的话,会让人觉得行进速度快多了。上海最有名的一位买办——霍格先生常常与他的朋友们在这里消遣娱乐。

次日,我们抵达苏州城,这里是我们所到

---

① 即今上海万航渡路。——编者注

的第一站。折返之后又走了一段路,我们进入了大运河。大运河穿城墙而过。我们沿大运河航行,一路上经过许多座精美的水上城门、宝塔以及庙宇。如果你能把这些景象与成排的、长长的帆船画成画,会有无数个画面。

从苏州城旁驶过,我们进入了一条威尼斯式的水道,一些房屋悬建在河上,有的已几近腐坏。穿过几座极为优美的桥,我们进入了太湖,湖上风速不错,我们撑起了船帆,一路向南驶向湖州。太湖就这样将大运河由南至北连通起来。这是一段让人非常愉悦的航行,我们极难得地欣赏到了太湖西面的山峦,它们不同于上海20英里几乎一马平川的景致,给人一种全新的视觉感受。

湖州以丝绸闻名,这里的丝绸被誉为是中国最精美的。这里是中国大工业的中心。你可以看到,路两旁种满了桑树。在乡村,你还可以观看清洗、纺纱、编织，更可以研究绿茶制作工艺，这里是最好的茶叶产区。

我们顺道去了一趟附近的大峰山，偶遇几座景色秀丽的山峦，漫山开满了红的、白的、黄的杜鹃花。旅途中发生了一件让人不愉快的事，船老大带我们进入一条干涸断流的小溪，糟糕的是晚上还要在这条小溪上度过。小溪两岸堆积着装满尸体的棺材，正在等待着某个黄道吉日下葬。船老大似乎并不觉得我们会感到不适。这些粗粗拉拉的中国男人不知道臭，看起来就像没长鼻子似的。次日，我们的船抵达杭州。在一条支流上航行了一段后，我们登上美丽太湖的岸边继续找寻美景。我坐在山顶上，眺望湖水、城市，画画。从画中你会看到，保俶塔卓然屹立在那里，远看就像一把被合上的雨伞。湖中央有一个小岛，风吹起杨柳遮住了岛上的庙宇。这个美丽的地方总让人回想起柳树图案，想象着如果再有艘小船、几位漂亮的仙女和三两只鹳，这幅画才能算完美无缺。

一座非常古老的红砖建筑——雷峰塔①矗立在湖西面的一座小山上。南天竺寺②很值得一去，听说这里很神圣，是朝拜的极佳圣地。杭州城里最有意思的古迹，可能是为一位宋朝大臣的遗骨而立的古墓，这位大臣对元朝有不朽的贡献。有一个弯着腰的塑像位于古墓顶部，据说后来明朝人为了表达对所埋之人的厌恶，就用这种卑劣的手段来亵渎古墓。③

---

① 原文为 Thunder and Wind，可能是作者当时的随行翻译对雷峰塔之名的解释有误。雷峰塔是因为塔建于西湖南岸夕照山的雷峰之上，民间以地名指称而得名。至于雷峰之名的由来，据《淳祐临安志》所载，是因旧有郡人雷就筑庵所居，故名。——译者注
② 即今杭州法镜寺。——编者注
③ 原文未明确写明古墓名称，据推测应是岳飞墓。作者理解有误，表述不当。文中提到的跪着的塑像应是指秦桧跪像，是明朝百姓为了表示对奸臣的唾骂而修铸的。——译者注

绝对不能错过的是去海宁看涌潮。海宁位于杭州南约 40 英里处，如果幸运的话，在乘船去上海的途中也许能看到一次较大的涌潮。每年，最大的涌潮发生在中国农历八月十八日，是秋分之后的第一次涨潮。潮汐的高度平均可达到 12—15 英尺。

我在杭州附近度过了许多愉快的时光。接下来我想提一下回程时去的主要名胜地。在一片小小的海湾里，坐落着一个古老破败的要塞，紧邻嘉兴、嘉善、松江，这些美丽的城镇里都有威尼斯式的房屋和古老的桥梁。

乘船顺着黄浦江而行让人觉得十分愉快。经过上海著名景点龙华寺，再行 7 英里经过一个兵工厂和上海租界，就到了附近的外滩码头，在那里我们结束了这一段精彩的旅程。

第十五章 雪窦寺

在这个迷人的山谷里,春天的时候繁花似锦,是大家熟知的一大美景。从上海可以很轻松地到这里。从上次我随德国的弗雷德·斯泰恩来到这里,到现在已经过去很多年了。弗雷德·斯泰恩是一位伟大的鸟类收藏家,他最近刚刚向南肯辛顿自然历史博物馆捐赠了一批稀有的大型鸟类标本。

如果你也曾有过此类冒险,对于我们这次探险之旅的简短描述,你会很感兴趣的,同时也会对你有所帮助的。先将带着大量食物补给和厨具等物品的仆从和厨师送上由上海开往宁波的"江天轮号",随后,我们在下午涨潮以后上了船。第二天清晨,我们如期抵达宁波。

我记得，1885年中法战争期间，在宁波河上，我刚好在这样一艘船上等候登陆，我们的船后面是对着宁波河口要塞的法国军舰，我们的处境十分危险。他们时不时地测试射程，大概就从我们船的上方穿过。当时，在镇海堡垒和入海口附近堵满了轮船，还有沉船，就在这样的地方，我画了许多精彩的画作。

接下来的旅途非常舒适惬意，江天轮顺江而行，与往常一样毫无阻碍地到了码头。上海最出色的户外运动爱好者瓦德门，把他的船屋租借给我们，于是，我们当天晚上就启程，继续行船沿江而上，第二天早上到了一个坐落在戴湾①发源地的小村庄，从这里到达我们的目的地雪窦寺，需要徒步穿过山谷，再攀爬上山。斯泰恩是一位优秀的语言学家，他揽下了大家

---

① 原文为Delah，根据地理位置推测，应是指剡溪，剡溪别称戴湾。——编者注

不喜欢的差事——去雇佣苦力帮我们背行李；但我们的运气较差，这里的村民坐地起价，如果给他们每人少于1美元，他们就不把我们的行李运上山。斯泰恩了解一般的收费行情，他拒绝了这些人的要求，并告诉船老大让他前往附近的溪口①。路上，我们在一个非常迷人的地方做了短暂停留，我在岸边写生，而斯泰恩带上他的狗和枪支，到岸上去散步。

正当我认真画画时，发现一艘满载着苦力的船只飞快地向我驶来，苦力们跳上岸，不由分说围住我的画板张口就要钱。所幸，船的着陆板离我并不远，我不和他们争辩，收起物品，以最快的速度上了船。因为我并不知道跟在我后面的那些人想要什么，就指挥船老大驶离岸边，向上游行驶，同时开枪提醒斯泰恩，他立

---

① 原文为Suey Kow，根据地理位置推测，应为溪口镇。——译者注

即出现在了我眼前,艰难地爬上船板。他身后跟了一大群人,他很快就发现这些人是因为我们没雇他们运东西来要补偿费的,没办法,我们不得不全部付清。不过,下山回宁波的时候,我们得到了补偿。通过英国领事馆,我们把钱要了回来,并以侵犯我们的名义惩罚了那些人。

我们安全抵达溪口后,斯泰恩安排苦力把我们的行李运送到山上的雪窦寺。我画了一座有着别致桥头堡的桥,在桥两头各有几间店铺。

我们走过一片平原,这个时节,平原上到处是亮丽的金灿灿的油菜花、成片的粉色三叶草和毛茛,还有随处可见的深绿色的小树丛,明亮的色彩形成强烈反差。

我们走了大约 10 英里,然后开始攀登一座美丽的山。我曾经去过很多地方,但从未见过哪座山上有这么多的野花,有深红色的、橘红色的,还有淡紫色的杜鹃花,漫山遍野,色彩缤纷，让人惊艳。山岩上、树杈上，攀援着芬芳的金银花和茉莉花，遍布在山间的山楂树上长满了花朵。这些景色让这座美丽的山谷变得名副其实。

我们最终爬到了山顶，登上了一个高台，高台另一头就是雪窦寺，那是一片红漆木框架结构的灰顶建筑群，中间用橘黄色的砖块将墙间隔开，匠心独运，十分协调。寺门口让人印象深刻。进入寺院，两旁是巨大的战神，院子中心是盘腿而坐的"命运之神"弥勒大佛，慈颜善目，满脸喜气，身肥肚胖。

禅师们围在我们身边，审视着我们的衣服和物品，他们看起来很好奇，斯泰恩从与他们的交谈中得知，有好几年没有外国人来过了。

他们带领我们来到为外国游客准备的卧房。说来奇怪，这些房子里不光住着男人，也有女人，这让我们颇为惊慌，然后狼狈地逃了出来。

不用说，这里的房间很拥挤。斯泰恩强烈反对我们试图清扫尘土的行为，正如他说的，这一行为惊扰了家禽，所以我们的苦力只好用草垫盖住了地板。

我们先打听有没有游览手册，胖禅师笑眯眯地拿了一本给我们。从游览手册中我们发现，最近一位来访的外国人是杰出的旅行家、女作家阿绮波德·立德夫人①，她写过好几本关于中国的书。

在附近的山上，我们有几次愉快的短途旅行，我还画了几幅画，其中最有趣味的一幅画中，在高耸入云的山崖边上，几乎就在雪窦山的最高峰，竟有一个鹰巢。

我没法一一说出那些所到之处的名字，因为都已忘却，再多的描述只会让读者觉得乏味。

---

① 阿绮波德·立德夫人（1845—1926），英国杰出的旅行家、作家。——译者注

一言以蔽之，美丽的景点众多。

　　周边山坡上的茶园有种明显被废弃的迹象，但是当地人似乎还是会来采摘茶叶，我想他们主要是用于本地消费。

　　返程途中，我注意到在河上有几只行驶的竹筏子，有的是往山下村庄运送乘客或者行李的，有的可能是要穿越平原去宁波。我们与山里那些往山下背行李的苦力们发生了点不愉快，但是在他们同意之前，多花点时间与他们讨价还价是很平常的事。

第十六章　闽江

　　闽江入口的景色很壮观。放眼望去，远山近岭，荒凉而贫瘠，只有被开垦出来的零零星星几块农田，一些低矮的冷杉和灌木在有土壤的地方攀爬生长着。

　　闽江两岸的堡垒给人一种坚不可摧的感觉，不过，倘若由一名经验丰富的工程师重建堡垒的话，或许会更加坚固；堡垒上有许多的壁架，上面可以隐蔽地安放枪支。中国人肯定是从1885年与法国人的那场速战速决的战役中吸取了教训。①当时堡垒中所有枪支的枪口都朝外，

---

① 这场战役指的是中法马江海战，又称闽江口海战，战役时间应是1884年，1885年是中法战争结束的时间。作者记载的时间不准确。——译者注

以防止敌人进入闽江，但是在开战之前，法国的舰队就登上了罗星塔①，法国兵不费吹灰之力从背后将中国人击败，这让中国人直叹不公、后悔莫及。

外国人口中的"塔尖"，是河岸上最高的顶点，现在建立了电报站，常有福州本地人前来参观。

汽船驶过堡垒之后，眼前是非常迷人的风景，我们穿行在一片片含苞待放的花田里。这里像极了意大利的科莫湖和马焦雷湖，但是又与欧洲的景色有所不同，这里的山顶上有竹林和寺庙，远远望去，山上的参天古树环抱着巍巍古塔。

---

① 罗星塔位于福州市东南马尾港的罗星山上，早在明初就标绘在《郑和航海图》和以后的航海针经图册里，也是国际公认的海上重要航标之一，世界邮政地名称之为"中国塔"。——译者注

河道在金牌炮台开始变窄，我们行经附近一座白宝塔。溯游而上再走一小段路之后，我们来到了一个古老的炮台，它建在突起的岩石上，不断经受着流水的冲刷。我们在狭窄的航道中行进，一个破损的老炮台赫然出现在眼前，江水从这里开始向左改道。穿越一段湍急的涌流，我们进入了闽安江面，在这里看到了有名的官靴状的奇特岩石[①]。

经过这些标志性景点后，我们很快就到了罗星塔，壮观的景色让人眼前一亮。在以往中国茶叶贸易的黄金时期，这里是一个繁忙的港口。但是现在，这里已几乎荒废，只有几艘当地的小汽船装着大宗货物顺带少量的茶叶远下香港，在香港再转运到普通班轮上。如果去福州的话，需要一艘小汽艇，因为闽江接下来的

---

① 指闽江胜景金刚腿。——编者注

10英里河道非常狭窄,需要有一位专业领航员能在河道上随时改变航向,方能绕开随时在移动的大量沙洲。

云溪[①]在罗星塔处汇入闽江,两河交汇绵延18英里,形成了一个名为"万寿口"的南台小岛,岛上面住着英国人,与河南岸的小城遥遥相对,一座石桥横跨两岸。桥上有售卖各种商品的小摊贩,川流不息的人群煞是好看。眼前的闽江风景真是太美了!成排的帆船,还有装饰极为精致如标本一样的平底船;近处是美丽如画的小城剪影,远处是高高耸立的群山。这一切构成了一幅绝美的油画。

我的画更像是以老照片的风格给人一个总体印象。不过,如果顺江而下的话,艺术家们可以为自己的画笔找到最佳的绘画题材,而且

---

① 原文为 Yuen Foo River,音译为"云溪"。根据地理位置推测,应是指乌龙江。——译者注

感觉会更舒适,不像在江边作画时有那么多好奇的本地人,周围也不会有挥之不去的难闻气味。沿主干河道前往溪口或是绕过南台岛去云溪,沿途的风景蔚为壮观。还可以去南台对面山上2000英尺高的地方,参观一下鼓山禅院,看看远近闻名的鲤鱼塘和水车座钟。在过去的年代,僧侣们因为好客受到了赞扬。距离城东9英里的鼓岭是福州本地人的消夏胜地,坐轿椅过去大约需要三四个小时,快步走的话,需要攀上2000英尺的高度。

此刻,我不由得要从这个地方的诗情画意中岔开话题,说一下福州的茶叶贸易。事实上,茶叶贸易是30年以前这个港口唯一的对外贸易。当时我作为茶师随各位师傅从上海来过这里。当时我所供职的集团正赶上了这里的茶叶贸易最后繁荣的那几年。那时,我们住的是什么地方,吃的又是什么饭呀!那几年钱赚了又赔了，这些都一去不复返了，想想就难过。

尽管对于谁会是最有竞争力的买家，通常可能在买办们的价格方面，或是公司的实力方面，会有激烈的竞争，但我们所得的份额是公平的，看到的是公平的竞争。那个年代的买办和有名望的商人从不凌驾于弱者之上，他们都有着自己的绰号，尽管很多人都已不在，但还有人会记得善良的老"华吉"，邪恶的威廉、凯维、菲普斯、比利、贝齐、约翰、汤姆、马金斯、戈林、吉比·沃纳，还有敬爱的法国人老约翰。他们都是当时最出色的商人。

当时，我们买的排骨都是用草绳串起来的，乘坐的轮船都能直达伦敦和澳大利亚。后来，由于印度和斯里兰卡茶叶贸易成功的竞争，使可怜的福州人失去了大量的生意，我真担心这里的辉煌一去不返。

第十七章 云溪

在关于去云溪旅行的简短描述中，我会尽可能多地顺带着讲一些居住在福州租借区的外国居民们所感兴趣的地方——就用他们当时为那些常去玩的地方起的名字。人们形容长江是宽阔的，闽江是秀丽的，而云溪是柔和的。要想去云溪游览，必须要从福州乘坐船屋沿闽江而下。从风景宜人的鼓山脚下直到罗星塔，左转，环南台岛前行，经过被称为"石鼓"的巨石。从右手边朝外国居民租借区的方向看过去，是被外国人叫做"小阿尔卑斯山"的地方，山上被矮小的冷杉覆盖，山里有许多狐狸。云溪从上游奔流下来汇入闽江，并在末端连接起南台岛，形成了字母 Y 倒写的形状。

这里的瓷器生产规模并不算太大,因为它们主要供应给本地,瓷厂主要建在河流主干的入口处。炮台的左面是五虎礁[①],从南台岛看过去,构成了一幅像迪斯累里[②]的脑袋那样稀奇古怪的轮廓。如果你没有足够的时间,可以提前一天乘坐船屋前往南台岛边上的云集,第二天再步行或是坐船去岛上。不过,人们通常会找一些苦力用轿椅抬过去,因为石板路实在是不好走。

进岛之后,在不远的地方有个温泉,这个温泉可以让你感受到一条腿泡在凉水中、一条腿泡在热水中洗澡的奇妙感受。在这里泡澡,唯一的瑕疵就是有一群患病的本地人频繁出入,

---

① 原文为 Wo Fu or Tiger Hills,根据地理位置推测,应是指五虎礁。——译者注
② 本杰明·迪斯累里(1804—1881),英国维多利亚女王时代的首相,曾在 1868 年及 1874—1880 年两度出任英国首相。——编者注

听说是因为这温泉水有很好的治疗作用。

重返船屋,接下来要去参观的地方是一个幽静的山谷,悬崖绝壁下面是蕨类植物和美丽的花海。你可以长久地徜徉在山谷里,尤其是在春天杜鹃花盛开正艳、绿色娇嫩欲滴的时候。

在竹林里,一条小小的支流缓缓流向云溪。这段旅行让人觉得欢畅,我们差不多是顺着这条溪流溯源而上,然后看到了从岩洞里如瀑布般不断喷涌而出的溪水。

龙头竹在风中摇曳,煞是美丽,但却很难描绘到画布上;从大多数艺术家的描述来看,此等美景确实是难以用画笔呈现的。这片风景中最大的亮点是河边的橘树林,为这条迷人的河流平添了童话般的意境。离通航河道最前端不远,有一处玄武岩绝壁值得一看,非常适合将其勾勒成画。

穿过坐落于山脚下的片片村庄和树林,我

云溪

们的船终于到达了第一段急流。在这里，我们必须先下船，然后登上竹筏，到一个地方下来，再攀爬上一座禅院。首先映入眼帘的是长在山顶的一片竹林。禅院前面的建筑由固定在石头中的长杆支撑着，其他的大部分建筑主要是在岩石上凿刻而成。当你走上数百级台阶，来到山坡上，身穿黄袍的方丈会在岩洞口迎接你。他们很乐意见到这样的游客，因为游客走的时候总会给他们留下些钱财或礼物。禅院盛情款待客人喝的水是从山涧里取来的纯净的、沁凉的山泉水。水从岩顶倾泻而下，这里的人通过一条弯弯曲曲的如绳子一般的水管巧妙地把水源源不断地引入禅院，存放在用坚硬的石块凿出来的大水槽里。

　　禅院周边景色宜人，尤其是在日落时分。返回小竹筏，我们沿着急流再回到船屋停锚的地方，这段旅程让人陶醉。

整条水路上，任何一个地方几乎都能让人信步其中，尽管距离并不长，但从头至尾都美不胜收。

第十八章 香港

香港位于广东省沿海的珠江入海口。众所周知，1842年，英国从中国手中割占了香港岛；1860年，英国又从中国手中割占了九龙及其毗邻的几块小岛屿；考虑到那些差点毁掉维多利亚城的远射枪炮的威胁，1898年，英国又得到一些附属领地的租借权，租期99年。①因为香港大多数人口是中国人，许多街道的外观看起

---

① 1840年英国发动侵华的鸦片战争。1841年，英军强占香港岛。1842年，英国强迫清政府签订《南京条约》，永久割占香港岛。1860年，英国又强迫清政府缔结《北京条约》，永久割占九龙半岛界限以南地区。1898年，英国逼迫清政府签订《展拓香港界址专条》，强行租借界限以北、深圳河以南的九龙半岛北部大片土地及附近200多个岛屿（后统称"新界"），租期99年，1997年6月30日期满。——编者注

来很有东方特色。

据英国议会1890年公布的一份文件显示，香港是世界上最大的船运港口，每年吞吐量达1000万吨。贸易往来的数量看起来非常大，但是这巨大的数字主要是因为船舶在驶往远东、澳大利亚和太平洋岛屿的途中，通常把这里作为便利的停靠点。

进入港口，景色迷人，海岸上的陆地以火岩层为主，景致高低起伏、气势磅礴。港口南面是以英国女王名字命名的维多利亚城，城内最高处的塔尖上飘扬着英国国旗。

维多利亚城地形狭长，城后山脉陡峭。近年来，在维多利亚港口的填海造地耗资巨大。在已造成的地面上新建起来的建筑非常壮观，犹如宫殿一般，特别是俱乐部、香港银行、上海银行和一些像太古集团、怡和集团等有名的商业巨头公司。这些商业楼宇建筑群临水而建，鳞次栉比，最高处达2000英尺。沿着美丽无比的街道迂回而上，想象一下这样的画面，阳光下，菩提树和各种热带树木在道路上投下斑驳树影，路两旁长满了花灌木、蕨类植物以及成片的花儿。目光朝蓝色港湾一瞥，透过浓密的树叶，只见两岸船舶无数，不远处山峰红蓝相间，构成了一幅童话般的画面，即使是特纳①也会彻底陶醉其中。

铁轨电车往来于住宅区后面陡峭的山坡上，把居民运送到山顶。山顶上有许多宏伟的建筑，从那里无疑能够看到宏伟而壮观的景色。

落日的余晖映满了眼眸，看上去，香港岛背面的风景与苏格兰湖区②内陆海湾的壮丽海景

---

① 约瑟夫·玛罗德·威廉·特纳（1775—1851），英国浪漫主义风景画家。——译者注
② 原文为 the Scottish Lake District，音译为"苏格兰湖区"。——译者注

很相似。

漫步进入港口,艺术家们在琢磨画的近景时绝对不会感到茫然,因为各式各样的船舶构成了一望无边的图景,从舢板到平底帆船,真是无与伦比的景色。人们沿街道爬上山坡,山坡上是一些独特别致、零零散散的商铺,还有待售的色彩各异的陶器。这些都为艺术家们的画笔提供了无尽的题材。

建议坐着黄包车去一趟快活谷①,快活谷被群山环绕,里面有个跑马场,附近还有一个租界里逝去之人的墓地,这些逝去的人实在是不够幸运,没能在自己的祖国走完自己的人生。这个地方的人们,和大部分英租界里的人们一样,工作以外的时间都是在运动中度过的。来这里旅行的人们会注意到,这里的男孩们都擅

---

① 即香港跑马地。——编者注

长模仿师傅，很快就能在几乎所有的运动项目上突飞猛进，比如板球、网球、足球，以及骑马，还有的男孩被安排去驯服那些以臭脾气出了名的蒙古烈马。

每天都有从维多利亚港出发驶往广州的船舶，广州是中国最迷人的城市，理应如此。

离开港口，乘船向北航行，从鲤鱼门穿过，蓦然回首，看到一幅最美的图画。海岸上，岩石峭壁被碧绿色包裹着，远处的九龙高塔背依红色山峦，其间点点船只构成了极为生动的画面，成为过目难忘的景象。

第十九章 广州

　　从香港到广州单程约95英里，乘每日往返的汽船大约要用7小时。船一般是在黎明时分出发。站在甲板上欣赏着日出，眼前的壮丽风景让人愉悦，当阳光拨散晨雾，群山若隐若现，雄伟而壮丽，转眼之间你发现已进入珠江。

　　逆流而上约40英里，我们到了黄埔老城①，这里有座古老的九层塔②。最终，汽船迂回地从大量的平底帆船和舢板间驶过，向拥有200万人口的中国南方大城市广州行进。城市地势低洼，远处的几座小山名曰白云山。汽船驶进沙面码头，这个浓荫蔽日的小岛上住着外

---

① 应为现在的广州黄埔村。——编者注
② 应为琶洲塔，又称海鳌塔。——编者注

国商人和官员。这个居住区可以追溯至1857年英法联军入侵广州时，外国人占领了这个小岛，在这里建起了现在看到的漂亮的骑楼建筑，规划建设了这个居住区，还种上了树，如今已绿树成荫。

从沙面岛通过一座哨兵日夜把守的大桥，进了广州城区。我们对那里的景象着了迷，来往于各处的当地人行走在狭长的街巷上，街上店铺林立，商品琳琅满目，有烹制好的丰盛美食，比如烤鸭等。大量的广告牌立在店铺一侧或是立于色彩鲜艳、外形奇特的店门上。画面时刻不停地在变，人们好奇地东瞧西看，周围散发着令人作呕的气味，这就需要一位胆子大点的画家来描绘了。

建议最好是找一位向导。参观者极有可能愿意匆匆看过，因为尽管景色独一无二，但实在难以抵消无处不在的难闻气味和噪声。尽管如此，广州有许多东西不能错过。可能人们最感兴趣的是丝绸、钢铁、玉石还有古董店，在一些店铺，我们可以亲眼见证所售卖商品的制造过程。每间店铺里都有个小小的神龛，一般设在店堂后面一间小屋里，在一些较大的公司里可以看到两三个，因为最重要的是不能因为对神灵不虔诚而让神灵觉得被怠慢而变得恼怒，从而破坏了房子的好运气。

乞丐们很扎眼，似乎一直在忙着用各种手段去吸引人们的注意。最奏效的手段是在竹竿头上系个带铃铛的袋子，只要你有所迟疑是否该施舍，铃铛就一直响个不停。在店主或老板正在与那些有些勉强的顾客谈生意时，这个办法有些恼人。拒绝不但没有用而且很危险，因为乞丐人多势众，迫于此，那些拒绝交钱的将会招致麻烦。

广州有800多座寺庙，我不再费力一一详

细描绘了，因为它们与中国其他城市的寺庙大同小异。但是，科举考试的考场有必要去参观一下，里面有上百间成排的小屋，每间小屋大约4平方英尺，前门开着，正对着前面屋子的后门。特别有意思的是，这里现在是"死亡之城"，存放着死人，等待祭司找最合适的日子埋葬他们。监狱也应该去看看，但没人愿意在那里久留，因为犯人扭曲的面容暴露了他们遭受的折磨。好奇者可能会喜欢看死刑，但女士们都不忍直视。

登上城墙走一圈，参观者可以看清这里的地理位置。城里的庙宇、城门还有外观像堡垒一样的当铺，立在远处，与成片的房屋层层重叠，大美如画。

傍晚时分，沙面岛的城门在日落时关闭，建议你结束一天的旅程。你也可以给自己留下充足的时间，在这座独一无二的城市里多度过几个愉快的日子。

第二十章　海滨之行

汕头是汽船在海岸上停靠的第一大港口，除了海运以外，这里对游客来说没有多大意思。然而它在商业上的地位却很重要，因为广东省出口的商品大部分是从这个港口运出去的，包括大批的海鱼，还有淡水鱼。当地人技艺娴熟，还为外国市场供应了锡器、烟盒、茶叶盒以及很多其他日常用品。

驶离港口，汽船沿着福建省海岸线行驶，直到抵达厦门，停靠在陆地与鼓浪屿之间狭窄的海峡里。

这个风景宜人的岛屿上住着很多外国居民，这些外国居民每天要穿过海峡去城市另一头的公司。这里让他们远离了城里的臭味和噪声。

在岛屿周边的淡红色岩石之间，可以欣喜地看到很多小海湾，能隐约看到深色的菩提树以及一片远山碧海。

厦门城区临水而建，街道呈不规则形状，煞是好看。城里的老城堡也值得一看。这里大量生产用作女士头饰的假花和珠宝仿制品；过去这里还是出口乌龙茶的重要港口，但自从日本占据了台湾，市场就流到了那里。前往台湾，需要几个小时的路程，收获也会很丰厚，因为那里热带气候差异很明显。

就要离开厦门了，我必须提一下，这片岩石地区有许多岩洞，都是老虎最喜欢栖息的地方。捕虎人哈丁和李伯恩曾讲过狩猎时发生的扣人心弦的故事。冒险家们和苦力们举着燃烧的火把，走进黑暗的岩洞里，在看到老虎的一瞬间，它可能就在距离你头顶几码的台子上，你必须要冷静地瞄准，一枪击中它的要害。由于射击产生的风熄灭了火把，冒险家和助猎者要一直待在黑暗中直到重新点燃火把。

通过海坛海峡之后，就到了闽江入口，再乘船走24英里就到了罗星塔。下一站是温州，虽然从商业贸易角度讲它的重要性并不大，但是温州拥有美丽乡村围绕着的海港，海岛上古老的宝塔给它增添了浓烈的中国风。一种稀罕的方竹，还有一些劣质绿茶通过船从这里运出去。

宁波是海岸线上又一个海港。到宁波和温州都需要从上海乘轮船专列，因为它们不是从香港北上常设的停靠点。宁波的外贸规模较小，但是有种很有趣的木刻业。这里有成群的鹅和水鸭，对于寻求冒险的人们来说，在湖区打野禽将是一种无与伦比的体验。

上海是前往北方的启程之地。途中第一站

是青岛,德国人在这里建立了现代化的租界[1],大多数的建筑为日耳曼风格。战争期间[2],英国军队帮日本人占据了这一口岸。

再往北不远的地方是威海卫,这里是英国租借地[3],特殊时期这里被当作太平洋舰队的北部基地。因为有优良的沙滩,这里是上海人常来的消夏胜地。芝罘是北方船舶停靠的港口,但停留时间并不长,没有多少可看的。

向西北方向继续前进,你将会路过直隶湾[4],如果运气好,渡过渤海湾,经过大沽口就到了天津。

---

[1] 1897年,德国借口其教士被杀害,派军舰侵占胶州湾,强迫清政府签订《胶澳租界条约》,允许德国租借胶州湾。——编者注
[2] 指第一次世界大战。——编者注
[3] 1898年,英国强迫清政府签订《订租威海卫专条》,将威海卫及附近海面租给英国。——编者注
[4] 指渤海湾。——编者注

云溪

香港

广州

货船

舢板与茶船

苏州

苏州

木渎镇

第二十一章　水上生活

在中国，大约有几百万人傍水而居。仅广州市靠行船为生的人估计就有 30 万。尽管住处狭窄拥挤，但他们看上去都非常幸福和知足。按照中国人的观点，他们有一个共同特点，触手可及的水，与其说是用来做饭的，不如说是为了洗洗刷刷。他们把水桶沉入水中，随时随地保证水的供应，有时就在肮脏的溪水中，我想是因为他们总是把水烧开才免于生病。在这个庞大的国家，渔民有专门法律和市政条例，有强大的治安确保他们遵规守纪。

大量色彩鲜艳、外形美观的小型战船行驶在江上、溪流上，意图拦截走私、抓捕海盗。然而，海盗往往会与警察结成同伙，然后分赃。

客船和货船几乎得不到或根本就没得到保护，还被当局征收重税；由于乘客走失或是拒不执行规定，他们还会被强收罚金。陆上和海上的压榨同样不堪重负。

在广州周边我见到了样式繁多的船只。有一种在水上漂流的旅馆，有着非常精致的雕木装饰，船身涂满华丽的油漆，船上装饰着真丝和绸缎质地的窗帘。这种旅馆主要是为一些娱乐性质的派对或者是在城门关闭后才抵达的人们准备的。还有一种漂流的厨房，从热水到烤鸭在这里都能买到。还有载着果蔬的小船，载着理发师、医生的小船等。实际上，所有的买卖、职业看起来都有。

花街柳巷所谓的花船，还有麻风病人的船有专门的停泊地。还有一些漂流的棺材，通过这种方式把逝者送往他们挑选的安息之地。

看鸬鹚捕鱼是一件很有趣的事，人们非常

聪慧地利用鸟去抓鱼,然后再在它们的脖颈上绑一根绳子不让它们把鱼吞掉。另一种让人觉得好奇的捕鱼方法,是在船的一侧装上一个木架,然后轻轻放到水下,当船在河里上下起伏的时候,鱼儿就跳到甲板上并被迅速抓进船里。

在河边很多地方能看到一个个小小的茅草屋子,有个渔夫孤独地坐在屋前,把一个装有大网的方形竹筐固定在一根横杆的顶端,再浸入水中,横杆尾端用铰链绑着一块石头当做杠杆,与古代从井中打水的方式相似。看渔夫在火把的光照下用长杆刺鱼很有趣。

这个广袤的国家,河流上行驶着来自不同地域的各种船只,不知要用多少张写生画才能把它们一一描绘出来。当然,那些最有特点的船只是必不可少的。居于首位的是站在船头上可以瞭望的舢板。"就像有眼睛一样可以看,可以行走。"那些外国人说,这些船和装饰让他们觉得自己看起来像鱼一样。船身的线条精美，船头部位和用于居住的船尾位置较高，长长的舵柄高出船顶一截。我不想费力描绘富人们所乘坐的船的内部及卧房装饰的华丽，也不想一一罗列船上各种不同的建筑，但是我认为，在艺术家们的眼里，宁波的舢板船其奢华程度当仁不让地占据着首位。庞大的货船船体曲线美观，架着横杆，桅杆稍微前倾，看起来非常美。

洛克船，是中西合璧半西洋式的构造，非常优雅，特别是在迎着风扬帆而行的时候。除了其他新式船只，在水上行驶的还有自上游急冲而下的急流舟和漂流筏。小小的舢板有几千艘。它们简直就像一幅绝美的画！船上卑微的居民看上去都生活得很惬意。在同一艘船上，你可以看到祖孙三代人，奶奶负责掌舵，母亲负责划船，小孩子腿上系条绳子坐在船头，大声吆喝着负责确保航线准确。衣物搭在竹竿上在微风中晾晒着,花儿在船尾盛开着,家畜在船上四处蹿动着。这便是遥远东方国度里水上的生活。

第二十二章 我的仆从

安生做我忠实的侍者多年,他是一位罗马天主教徒,尽管我没这样觉得,因为印象中,"信主"对他来说倒成了缺点。我许多朋友都对他"信主"的真实性表示怀疑,还说他转身就会变身流氓或是"美元教徒"。也可能他以前就是这样的人,只是在为我服务期间表现得像是一位出色的男仆和管家。

他手指灵巧,总是很仔细地擦拭我那些古董和家具,在我雇佣他的这么多年里,从没丢过什么值钱的东西。

毋庸置疑,他拿的佣金也够多,因为这并不违背他的教义。当我告诉他我即将离开中国时,他说:"我非常难过,不过您不用担心。"

我发现他在上海拥有一家铜钱银号，我想他已经抓住机会了。我在中国时，每次去乡下或是小渔港旅行都会带着他，不论在何时去往何地，总会发现我的用品已经事先准备好了，无需我督促。

他总想办法给我找优秀的厨子，一日三餐，不管是早餐还是晚宴，从没让人抱怨过。通常都是我回到家，只需要说一句："嗨，今天晚上来吃饭的男士和女士都很多啊。"说这些就够了，晚餐已备好，菜单和姓名卡片也都写好了。

他总问我："谁来啊？"我猜是当他获知这些信息之后就会布置好客房。我在汉口用的一位朋友的仆从，总是笼统地按照人头来备餐。有几次场合我注意到自己的勺子和叉子竟在我朋友的桌上，就对那些酱菜更没有兴趣了。有一点毫无疑问，就是我的食品柜要贡献出去盛这些剩余的吃食了。

刚开始到中国居住时，我去了福州旅行，在那里我发现我的仆从和房东的佣人在讲洋泾浜英语，那个佣人的地方口音比他还重。在中国，大家都知道，来自各地的商人在没法讲同样口音的时候就会使用这种特别的语言。

在这个渔港，我记得一位朋友对我讲过，一天晚上他听到大厅里传来一阵可怕的碎裂声。一个巨大的玻璃灯罩掉到地上，碎成无数小片。他找到他的仆从告诉他说："要么赔，要么走。"几天过去了，让他惊愕的是灯罩又回到原处了，上面全是铆钉。这个手工创造的奇迹，证明了一位天主教徒可以忠实地完成命令。那个灯罩是我在遥远东方见到的最好的古董之一。那是一块耐心的丰碑。

家里有太太的话，这些家仆们并不会对她们心怀善意，因为这意味着账目检查会更紧，厨房要更干净。结果很多仆从都向主人报告说：

"我很抱歉,没法让太太停止吵吵,她总说我克扣菜钱。"

近些年,因为外国人没法快速致富,都退休回家去结婚了。一些不得不留在这里的,就挑选一位女士同住,期望着将来某天还能看到这个"古老国家"。

中国的男仆请假特别频繁,比佣人请假要多。通常的理由都是"母亲病重了"或是"我要回乡找媳妇"。他们一生中母亲和媳妇的数量真是多啊!尽管如此,他们仍是耐心、忠实的侍者,许多外国人都会想念他们住在这个古老国家时的那位仆从。

第二十三章 本地人

天主教有一句古老的诗，开头是"带领你走出黑暗……"[1]，我并不认可，因为以我长久以来和本地人打交道的经验，他们的忠诚给了我很好的印象。中国商人当然是会费尽心思赚取最大利益，但是已经签订的合同他们都会遵守。有一次，茶商想要销售假的茶叶样品，这在贸易中叫做"样品欺诈"，但是管理部门施压，说他们改变了方式。现在买卖中间人都会跟你说："没有样品欺诈，全都是真品。"

不久前，在上海以外所有的城市里，你还能看到当地的买卖中间人和商人们坐着轿子四

---

[1] 20世纪初在英美的一些作品中表现出歧视中国的意识。——译者注

处走，夏日里他们穿着绸缎袍子，手里拿把扇子。恐怕过不了几年，这仅有的画一般的装束也将会不复存在。尽管当时黄包车受到年轻一代的喜爱，但在本书交印之时，汽车应用已经很广泛了。在上海有许多条不错的马路，可以看到本地人乘坐的都是汽车等欧式交通工具。自行车很受欢迎，看到"中国佬约翰"骑着自行车，长辫子飞在身后，或是把辫子细心地藏进外衣口袋里，样子十分可笑。厚底靴阻碍了他的兴致，他就脱了靴子光着脚踩踏板。

尽管大部分层次较高的本地人学习西方礼节都很快，但他们很少能融入欧洲社会，就像吉卜林[①]说的："东方是东方，西方是西方"，他们更偏爱自己的生活方式。

我参加过几次当地的晚宴，并不太合我的

---

① 吉卜林（1865—1936），英国作家，曾于1907年获诺贝尔文学奖。——译者注

口味。他们的用餐时间太冗长，且有太多繁文缛节。燕窝和鱼翅汤很棒，但我不太喜欢那些肥猪肉，当邻座的人用他的筷子夹一小块到你面前时，拒绝又显得不礼貌，你必须要一口吃下，还要努力地让自己看起来很开心。

主人及客人中的女性都没有被邀请上宴席，相反，歌女被带进来安排在每位客人身旁，用餐的时候，她们或唱歌或轻声细语地说些调情的话，让大家尽兴。宴席间歇，有些宾客退到椅子上抽一两口香烟或鸦片以满足自己的欲望，然后再分别斟满各种饮料。他们吃饭喝酒的顺序刚好与我们相反，所以我觉得在这场娱乐结束之前，宴席上可能会有点混乱。

用餐时，天主教徒们喜欢玩猜手指游戏，赌注都很大，你必须有一个非常强大的脑瓜才能通关吃完这顿饭，要不然，第二天早上的结局可能非常可怕。

中国女性在我看来永远都没法过理想的生活，除非她们当了奶奶，只有到那时，她们才理所当然地受到更多人的尊敬，在家庭事务中才有话语权。

众所周知，中国男人在很小的时候就结婚。由于父母为他挑的新娘不总是合他的心意，如果财力允许，他很快就会娶姨太太。这些姨太太当然要位居第一位太太，也就是所谓的"正房"之后，但如果她们深受丈夫喜爱，自然也会让"正房"嫉妒。这些偏房太太或多或少有点像什么活都干的侍女，所以她们在这样的大家庭里并没有多少幸福可言。听说中国男人不会只娶一个太太，主要原因是他们有强烈的求子愿望。中国合法的离婚理由中有一条就是太太没能为丈夫生下一个必须的男性继承人。

每一个来到中国旅行的人都想去看一看戏院，但你要对难熬的过程有一个充分的准备。

"音乐能舒缓野蛮的情绪"，但对那些要去听中国音乐的人，我建议你拿一小团棉花塞住耳朵，这样你仍然能够听得"心满意足"。那些用棍子同时敲打在锣和钹上的声音，在我们听来效果是那么不和谐。女性是不被允许参与这些表演的，取而代之的是年轻男性，他们的假声一点也不自然，让人难以接受。舞台的布景也非常简单，当换布景的人当着观众的面从舞台上走过时，样子很滑稽，呈现出令人出戏的图景。

中国的农民极为勤劳，日出而作。他们一般要在田里劳作一整天，直到太阳落下。但当让他们放下自己的农事而受雇于你的时候，你就会察觉到不同，因为他们立马就变得懒散了。想引导他们按照你的意愿去干什么都非常困难；带他们去印度的时候，多做一件事他们都不情愿。

夏天，中国的男人们喜欢脱掉腰部以上的

外衣；相反，在日本，日本的男人腰部以下穿得很少甚至不穿衣服。

那些地位较高的本地人主要的娱乐就是聊天，其中大部分都是讲别人的丑事。直背的木椅靠着墙围成圈摆放在房间里，他们经常连续几个小时地坐在那里，喝着既不加奶也不加糖的淡茶，嗑着瓜子，相互交谈着。

商人们和贸易伙伴在行业协会里谈生意或对争议做出决定。许多行业协会都有豪华的大厅，经常会在那里举办宴会，有时也会被设置为会场，这里的娱乐演出面向公众开放。乞丐也有自己的行会，是由暴徒恶棍组成的势力很大的群体。乞丐们的行为很让人讨厌，他们蹲坐在人家门口，大声地号叫，直到他们拿到丰厚的施舍。我曾有一次想通过给他们照相的方式避开一群乞丐，他们似乎对此有所抵触，立马作鸟兽散；但是我的买卖中间人告诉我这一行为很危险,因为他们把相机看作是"洋泾浜拥有恶毒之眼的第一魔鬼",因此他们很有可能通过对你家纵火来报复你。当然,这种行为没有在租界内发生,警察将会把这些乞丐都逮捕起来。

时移世易,随着马路的修筑和汽车的引入,中国的城市无疑会发展成欧洲那样,当地人自己也会适应这种"铁皮房子"。现在他们这样描述汽车:"没推也没撞却跑得飞快。"

第二十四章 结束语

最后一章写给艺术家和绘画爱好者们，我希望自己的这些画作会让大家意识到，远方的中国对画家来说是怎样一片壮丽的土地。

建议大家尽可能在这个国度变得现代化之前成行，日本也是如此。怪异的服饰正渐渐消失，长辫子也快要被剪光了。古塔、庙宇和神奇的城墙被拆毁，取而代之的是工厂里丑陋的大烟囱和铁路路基，可能最糟的就是那些波纹型的铁皮架子。许多美丽古老的庙宇正在被拆除，有的变成了校舍。河道上造型各异如画一般的中国船只和大型帆船也被汽船和轮船所取代。对于户外爱好者来说，这片乐土或许将被永久关闭，"中国佬约翰"们将不会再对"外国鬼子"表示尊重。

　　插句话,想在这个国家舒服地旅行,穿着合适的衣服会很实用。大家可能不太知道,从中国的北方到南方,甚至是到香港,每年的10月至来年的4月都很冷。在南方气候较明显的地方,中午时分的太阳比在欧洲强烈多了,白天有必要穿薄点的外衣,但到了晚上就要穿暖和些,因为夜里会非常冷。7月和8月是一年当中各地平均温度最高的月份,此时正是进到山里或是去日本短途旅游的时机。比起去南部和西部旅行,去山中寻找胜景或是沿北部和东部海岸线来一次愉快的旅行,气候更加宜人。

　　我推荐水彩画家使用纽曼水笔,特别是在画东方国家的时候。画纸必须要全部存放在锡制容器里,否则潮湿的天气很快会催生出霉点。

　　现在,通过日本邮船会社、蓝烟囱轮船公

司和一些其他公司，我们可以实现低价旅行。行经西伯利亚的话，旅行的性价比还会更高，这条路线的最佳旅行时间是在早春时节。

图书在版编目(CIP)数据

行将消失的中国景象/〔英〕阿瑟·亨利·希思（A.H.Heath）著；陈海燕译.—深圳：海天出版社，2018.1

（寻找中国/李辉主编）

ISBN 978-7-5507-2219-4

Ⅰ.①行… Ⅱ.①阿…②陈… Ⅲ.①游记—作品集—英国—现代 Ⅳ.①I561.65

中国版本图书馆CIP数据核字(2017)第302650号

行将消失的中国景象
XINGJIANG XIAOSHI DE ZHONGGUO JINGXIANG

出 品 人	聂雄前
出版策划	张小娟
责任编辑	曾韬荔
责任技编	蔡梅琴
装帧设计	自留地

出版发行	海天出版社
地　　址	深圳市彩田南路海天综合大厦　（518033）
网　　址	www.htph.com.cn
订购电话	0755-83460397(批发)　83460239(邮购)
排版制作	深圳市龙墨文化传播有限公司（电话：0755-83461000）
印　　刷	深圳市新联美术印刷有限公司
开　　本	787mm×1092mm　1/32
印　　张	5.875
字　　数	80千
版　　次	2018年1月第1版
印　　次	2018年1月第1次
定　　价	38.00元

海天版图书版权所有，侵权必究。

海天版图书凡有印装质量问题，请随时向承印厂调换。

目 录
Contents

第一章	神奇的大脑	1
第二章	人类的想法太好玩了！	11
第三章	睡觉，你真的睡好了么？	35
第四章	吃与心理学	57
第五章	学习的秘密	71
第六章	情绪冲浪与正念	87
第七章	积极心理画像	109
第八章	拖延和改变	125
第九章	好玩的艺术与心理	141

第一章

神奇的大脑

如果要说哪一个是身体最重要的器官,那在我看来,毫无疑问,必然就是大脑。如果没有大脑,我们甚至无法控制我们的身体,遑论保留作为人类的意识。

也许大家看过新闻或电视剧,有些患者在突发心脏病、遭遇严重脑部创伤或者大脑缺氧时间过长后会陷入昏迷,而其中最严重者会出现脑死亡:虽然他们的身体在呼吸机或者生命维持支持机器的帮助下还存在生命体征,但他们的大脑已经经历了不可逆转的损伤,无法对基本的刺激作出反应,如光的刺激。所以大家会看到急诊抢救时,医生会拿一支强光的笔照射,去检测该病人的昏迷状态。

我们的大脑就像是大家都会使用的手机里最核心的处理器,每个人的出生型号都不一样,而且每个人的大脑都在不断接受信息的过程中持续进化,就像不断更新的手机软件一样,变得更智能。

奇妙的智力测试：大脑接收、处理与分析信息的能力

在心理学内有 个专门针对智商的研究领域，一群心理学家想要尝试探索并设计不同的测试，来评估人解决问题的能力，其中包含人对概念的理解、记忆力、逻辑推理能力、细节观察和其他智力任务相关问题的能力等等。

（美国心理学会智力测试网址：dictionary.apa.org/intelligencetest）

但人是如此复杂的生物，所以在体验任何心理测试时，我想要提醒大家，所有测试都仅是心理学家在尝试对于复杂、难以客观量化和评估的对象进行探索的产物。这些测试的结果就像学生一次考试中的一个结果而已，可以给予我们一些信息，但究竟这个学生学习得如何，为什么错，未来会学得怎样，是完全没有办法从考试中获知的。

请记住：这些经过精心设计、修订和研究的量表可以给予我们一些经过标准化的信息，但没有任何一个心理测试或者评估可以完整地定义和描述一个人。

在本书里，我们没有足够多的空间给大家展示所有的智力测试，但可以摘选一些智力测试的题目让大家感受一下由心理学研究者设计的实验究竟是什么样的。

比如瑞文标准推理测试就是一个希望能够评估个体图像逻辑推理能力的智力测试，下面是测试中难度较高的2张图，请选出你认为空格中应该出现的图案，答案见后一页页脚。

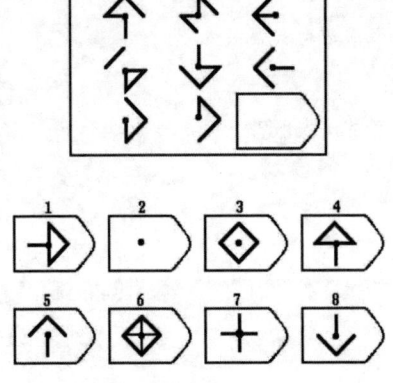

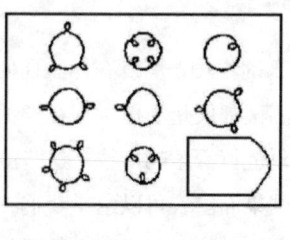

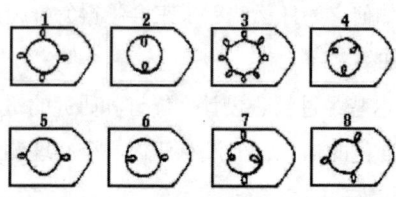

当然,人的智力并非仅有推理,还有其他重要的因素是智力的组成部分,例如对世界的常识了解、短时记忆能力、反应速度、语言理解与推理能力等等。韦氏智力测试量表就是一个包含了各种智力相关因素的心理测验,下面列出了部分题目来给大家展示智力测试中常见的项目。

常识题:

钟表有什么作用?

一年中哪个季节白天最长?

领悟测验:

为什么要经常洗衣服?

答案:2;2

为什么要交税？

结婚为什么要登记？

相似性测验：在一对词中，看它们有什么相似性，受试者需要将它们的共性进行概括。

斧头——锯子

木头——酒精

空气——水

苍蝇——树

除了对于逻辑推理、常识与领悟能力的测试外，还有帮助评估人们观察能力的测试。

观察力测试：下面列出了一个较有名的观察力测试题，你可以看看你是否从中观察到了什么！

请观察下面的图片，你看到了什么？请翻到下一页的页脚寻找答案哦。

如果你看到了答案中描述的东西，那么，要不你已经拥有了不同寻常的观察力，要不就是你以前看到过这个图形。这个测试实际上验证了我们感知的漏洞：我们往往只看到了自己期待看到的东西。

当大脑逐渐衰退或遇到问题时会发生什么？

可能你会默认为你的大脑会一直像现在这样好用，那你可就太天真啦！我们的大脑，就像手机会逐渐老旧一样，我们的大脑也随年龄和使用发生改变和衰退。进入到 35 岁左右时，大脑的容量和功能等就开始逐渐下降。当进入老年时，有小部分人群会出现大脑功能严重衰退，如阿尔茨海默病等。

你知道医生们会如何评估一个人的认知功能吗？

在一个典型的认知测试中，你可能会听到医生询问就诊的老人很多看似很简单的问题：

（1）你叫什么名字啊？

（2）你知道自己在哪儿吗？

（3）今天礼拜几啊？是春天吗？

（4）短期记忆测试：让记住随机的三个词。

（5）把 5 个字（随机）倒过来说一遍。

（6）昨天晚饭吃的什么？（或者询问过去一两天内发生的事件）

（7）刚才让你记的 3 个词是什么？

对于你们来说，这些问题可能简单到有些可笑。但就是这些看上去很简单的问题，让医生可以在非常短的时间内、从多方面去评估一个患者的不同认知功能。

THE 这个词在第一个三角中出现了 2 次，A 在第二个三角出现了 2 次，THE 在第三个三角出现了 2 次，你注意到了吗？

第一个问题是对自我身份的认知；第二个问题是对阿尔茨海默病患者常出现的方位感评估；第三个问题是对时间的认知；第四和第七个问题是对短期回忆能力的评估；第五个问题是对专注力的评估；第六个问题是对短期记忆力的评估。

下面一个画钟测试是一个典型的认知筛查测试，帮助医生或临床心理学家去评估老年人的认知水平。如果你愿意，可以尝试自己画一个 8:20 的钟，再和下面一些结果进行对比。

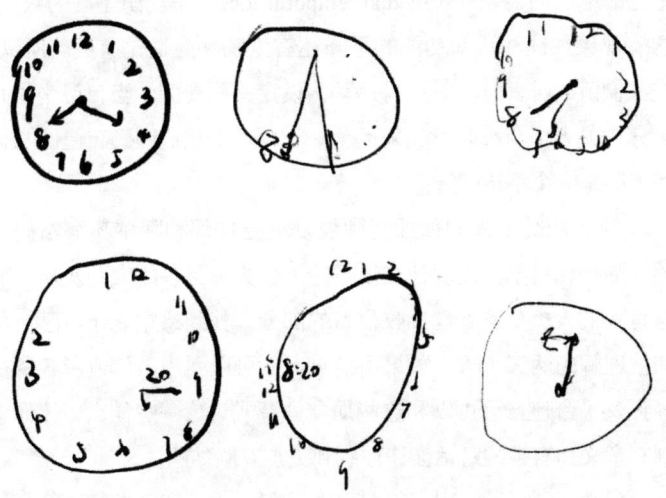

有的患者丧失了空间感受与定位的能力，有的记忆功能受损，有的丧失了对时间的认知……可能看上去非常简单的画图任务都变成了艰难的任务。大家可以看到图中有非常多令人匪夷所思的画法，这背后是因为看似简单的操作，实际需要我们拥有足够多的工作记忆、手的精细操作、空间感受与定位等等不同的能力才能画出这张代表了 8:20 的图片。

当我们的大脑出现一些不可逆的损伤后,一些可能大家习以为常能够做的事情和解决的问题都成为了一个难题,所以真的要好好保护我们宝贵的大脑呀!

如何保护我们宝贵的大脑?

我们现在明确知道的是,有四个因素会影响我们大脑的运作:久坐、长时间没有社交、睡眠不足和慢性压力。

已知的研究结果告诉我们,久坐人群的大脑中负责制造新记忆的脑区内侧颞叶(medial temporal lobe)呈现出厚度的减少,这一现象往往和认知功能的下降还有大脑功能退化有关。所以,在我们清醒时,时不时起身运动,设定一些提醒,当自己坐了几十分钟或者 1 个小时就起来运动一下,对于我们照顾自己的身体和大脑是一个不错的选择。

缺乏社交带来的孤独感则被发现与抑郁和阿尔茨海默病有关。脑神经科学家发现社交很少的人会失去更多的大脑灰质,而这是我们人类负责处理接收信息的部分。找到感觉能让自己信任和被理解的两三个人,如果不能见面,可以利用微信或者各种视频会议平台让自己可以和这些朋友分享或讨论一些什么,让你感到有意义和有趣的对话会让你感到更加有联结感。

睡眠的缺乏则与认知功能,如记忆、推理和问题解决能力的下降有直接联系。你如果希望了解更多关于睡眠的知识,可以翻阅本书中关于睡眠的章节。

长期的慢性压力则会让我们的大脑细胞更快消亡,并让我们的大脑中负责记忆与学习的前额叶皮质出现萎缩。有时候当我们对很多事情存在期待的时候,就会遇到特别多让我们难受、焦虑和失望的事情。你如果愿意,可以参考本书关于正念和冥想的章节,体验冥想给你带来的内在平静,回到当下而非被未来的担忧所占据。

推荐阅读书目:
《我的大脑好厉害》作者:赵思家
《大脑用户指南》作者:艾莉森·乔治
《大脑使用说明书》作者:萨宾娜·布伦南

第二章

人类的想法太好玩了!

只要我们清醒着,似乎我们的大脑就在不断运转,思考让我们不断在不同的想法中跳跃、停留和深入,而有时候在你甚至都意识不到的情况下,你对自己、事件、他人和这个世界的定义实际上决定了你的反应,并非常大程度地影响了你的情绪。

我猜测你在此时一定觉得,这有啥新鲜的?早就知道了,都说"想开了""钻牛角尖"还有"开解"什么的,不都是讲大家通过改变想法来改变情绪的么?

但,我想问你一个问题:那你觉得你会如何"开解"一个人,让这个人不"钻牛角尖",然后"想开"呢?

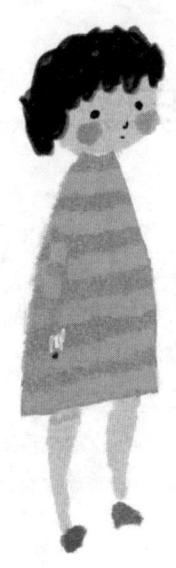

这是一个有味道的问题

有一个问题,只要是我去做关于认知的心理讲座我就一定会去问,一部分是因为这是一个特别有趣且出人意料的问题,另一部分原因则是,这是一个没有标准答案的问题,却能够从答案里看到很多东西。

好了,接下来我想邀请你花一点点时间来回答这个问题:

当一个人踩到一坨狗屎时,可能会有什么样的反应?

请你尽可能多地写下来,你觉得会有多少种不同的反应?

___

___

___

___

我很好奇,你写出了多少种可能的反应?

虽然我并没有仔细地计算过,但是从 2016 年起,只要我被邀请去做关于情绪和想法的讲座,我就一定会问在场的听众这个问题。听众范围从青少年到老年人,涉及不同的职业和行当,从中国人到外国人,所以我可以比较有自信地说,关于这个问题大概没有人比我有更多的答案。

如果将我听到的所有答案汇集在一起分享给你,你肯定会惊讶,为什么同样一件事却会引发如此不同的反应?

常见答案

我想你们一定可以想到那些较容易联想的答案,比如:

感觉没什么,把狗屎清理干净后继续做自己该做的事情;

感到很生气,觉得有人遛狗不铲屎,没有公德心;

觉得自己很倒霉,当天心情都会很不好;

认为是狗屎运所以去买彩票;

觉得是又恶心又特别的体验,所以发朋友圈。

这些答案实际上经常出现在第一波听众的回应里,在这些反应里,狗屎依然还是带着不那么令人愉悦气味的动物排泄物,差别在于:

（1）这些反应的拥有者如何看待生活中令人不愉悦的事情；
（2）他们对这件糟糕事情发生的归因。

没有所谓的垃圾，只有没有被看到的价值：不一样的视角

有一些特别有趣的答案，可能大部分人都从来没有想到过，很多时候不同职业或对世界有不同视角的人对一些小事的看法，往往会让人深思，甚至是特别简单的狗屎，他们也能看到一个完全不同的东西。

出身农村的农学教授分享，动物的排泄物是很好的堆肥材料，作为自然循环的一部分，他会挺开心地将这些狗屎收集起来放到堆肥的地方。

脱口秀演员说，踩到狗屎感觉是特别有潜力的创作素材，自带气味，会尝试花时间认真思考写点有趣的段子出来。

推理小说爱好者说，狗屎里包含好多好多信息啊，这狗健不健康，昨晚吃了啥，是野狗，还是主人遛过来的。如果要判断这坨狗屎是野狗的杰作还是不负责任的狗主人的锅，其实也挺有趣的！

肛肠科医生说，排泄物其实是挺重要的样本，他的同行有收集排泄物样本的嗜好，也许会拍照考考朋友能获得什么信息。

社区工作者说，在清理完自己的鞋子之后可能会思考是不是应该做些调查，看看这种情况会不会已经影响到很多居民，也许得做些什么让环境变得更加清洁，避免再次发生这种事情。

有喜欢浏览互联网信息的人分享，有个英国恶作剧公司的"服务"就是把狗屎寄给客户讨厌的人，也许他们会特别收集动物的排泄物。

还有一个特别相信星座和算命的人说，他觉得他会感觉这个宇宙在给他发送一些信号，提醒着他写什么，所以他会开始反思最近做的事，并看是否需要做一些改变和调整。

我遇到的有趣答案远远不止这些，但从这些答案中我们可以看到，似乎人们看待狗屎的角度让他们几乎忽视了狗屎本身物理特性给人带来的负面感受，反而从中获得了对他们来说可利用的价值。

对于有些人来说，没有所谓的垃圾，只有没有被看到的价值。

当狗屎让一些人难受好久：钻牛角尖究竟是怎么回事儿？

当然，在将狗屎当作常识中糟糕的东西的不少回应中，有几个答案是例外，令我印象深刻。因为以下这三种答案的不同之处在于，这件事情对他们的影响似乎超越了常态。

（1）觉得是自己太不当心了，很自责，还会联想到之前因为不小心导致自己失败或者难堪的过去，然后会难受很久。

（2）特别生气，如果有摄像头，会查清楚究竟是怎么回事，如果是有人遛狗不铲屎，就一定把狗屎弄到容器里，再放到这个人门口，让他知道这件事情有多恶心。

（3）特别担心后面再踩到狗屎，所以会比平常更加注意路面状况，但也感觉出行变得让自己特别疲惫。

第一个答案：我做得不够好，我很糟糕。

这是非常典型的悲观抑郁症患者看待世界的视角，如果发生了什么糟糕的事情，他们常常会认为这是自己的错，是自己做得不够好，并且坚信这一点，却很难意识到这些想法并非是事情的真相。事件本身引发的对自我的糟糕评价导致了长时间的低落情绪，而且远比其他人的各种情绪反应更加剧烈和长久。

第二个答案：这个世界 / 这件事应该是……

这是对于这件事有着超过常人的愤怒，为了可能对于他人来讲的一件小事儿，花费了较多的精力与时间，去维护他内心执着的规则和对错。

第三个答案：我好担心……我必须……

背后是对于未来再次体验到这种踩到狗屎糟糕体验的恐惧和担忧，并因为这种担忧而投入了很多注意力和精力去避免再次发生，这种思维与反应模式是焦虑症患者特别容易陷入的恶性循环。

这世界上很少有东西是绝对合理的，除了事实和真理。你的情绪反应就是一个事实，是绝对合理的，但的确需要意识到的是，我们的情绪化反应背后对现实的认知与解释并不一定就是事实。

让我们再来看看下面的例子。

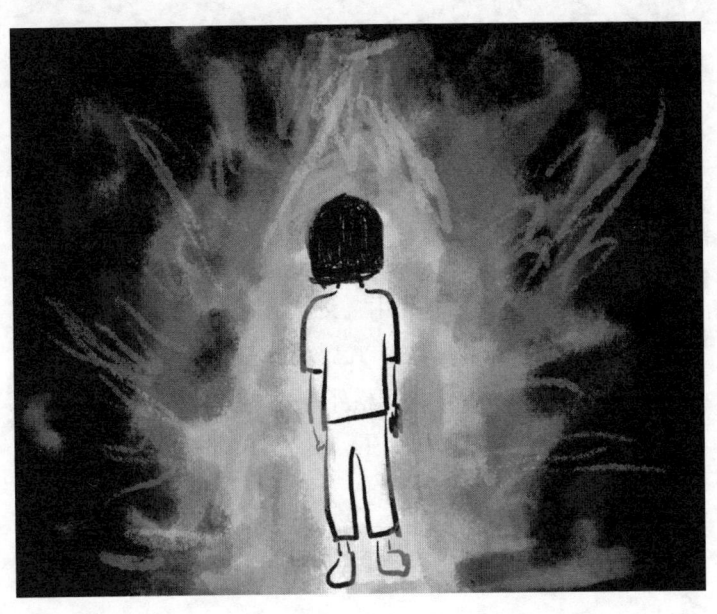

	A	B	C
引发事件	发送了一句"哎，那你呢？"之后，对方突然不回应了		
情绪	有点疑惑	很难受，很担心	愤怒，生气
想法/解释	对方可能去做其他事儿，或者注意力分散了	对方不开心不想理我；我是不是做错事情了；我不可以惹别人不开心	对方不在乎这段关系；对方不尊重我；我必须保护自己
反应	做自己的事情去	被情绪困扰，不断思考对方是怎么回事，自己是不是做错了	选择以后和对方保持距离

A、B与C的情绪反应尽管完全不同，但本质上来说都是完全合理的，因为他们有着不同的基因，不同的气质类型，来自完全不同的背景，有着不同的过去，可能也面对着不同的人和不同

的环境,他们呈现出的不同感受背后必定有着不同的原因。假如我们设定这个对方是一个与A、B和C皆为普通朋友的人,发微信后看短视频入迷忘记回应了。

A也许是一个有着较为幸福家庭的孩子,亲子关系融洽且能够感觉到安全和支持,因此A更倾向于将对方的反应理解为与彼此都无关的客观可能性。

有可能在B的成长环境中,父母非常严苛,会给予B很多指责与否定,总是让B感觉是自己做错事情导致父母生气,从而让其感觉到在人际关系中必须格外小心,否则对方就会不开心,而对方不开心也绝对是B做错了。因此,B在关系中体现出来的情绪对B来说,就是绝对合理的。

对于C来说,也许C出生在一个父母情绪非常不稳定且无法让C感觉到安全的环境中,导致在人际关系中更倾向于认定他人是不可靠的,是会伤害自己的,因此更倾向于选择用冷漠的方式来保护自己。从C的角度来说,C的反应也是绝对合理的。

A、B、C不同情绪反应有着绝对合理性,因为他们的反应有很多原因,但也不意味着A、B和C的想法/解释还有反应就是事实。往往这时候处于情绪状态中的B与C会坚信自己情绪下的推理,认定他们的想法就是正确的。

如果用个大家都知道的词来形容这些想法,那我想"钻牛角尖"特别符合。这件小事似乎引发了不同的情绪反应,并因此更长时间地影响了这些人的生活和状态。

那么究竟是怎么回事儿?

实际上,当我们处于情绪高度唤起的激烈状态时,我们会进入到一种精神视野性狭窄的状态。

你的眼前只有那件激发你剧烈情绪的事情,就像是处在隧道之中,你其他什么都看不见,只能看到前方似乎有个亮的地方,别无出口,但实际上很有可能你已经陷入了情绪之中,看不到对你来说更重要的东西。对于有些曾经经历创伤的人来说,可能就会进入到一种闪回,似乎不断在重复经历过往的经历带来的痛苦,好像就活在过去一样。

有时候我们似乎会陷入一种情绪中,比如说焦虑,然后就会越想越担心,越想越焦虑,更有甚者会心跳加速,胸口紧绷,头涨头疼,呼吸急促,脑袋里就像有一个疯狂做功的马达,但是怎么转都在兜圈子,想也想不出一个结果,但就是停不下来,整个人都不大好了。而且很有可能越想让自己停下来,别这么难受,似乎越没法减轻或消除这种痛苦。

当然,大家可能都会觉得自己不太会钻牛角尖,那么接下来我想邀请你们玩儿一个图形游戏!

请大家先拿出一张白纸,然后在白纸上画一个坐标轴,并以零点为中心画一个正方形。画完后你应该可以看到和下图一样的图形。

接下来,将小正方形和坐标轴所围成的面积涂上阴影。

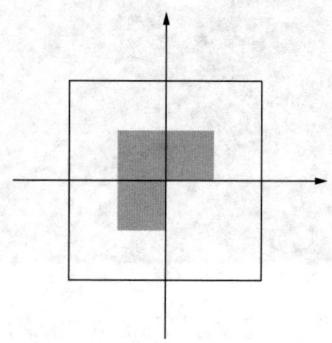

现在将第一象限用一条直线分割为 2 个形状相同的部分,限时 1 分钟。

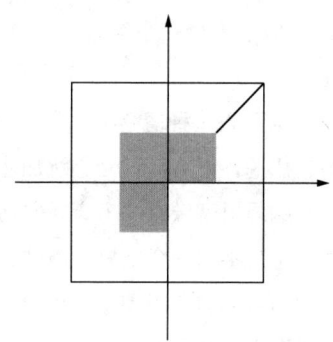

现在将第二象限用 2 条直线分割为 3 个形状相同的部分,限时 1 分钟。

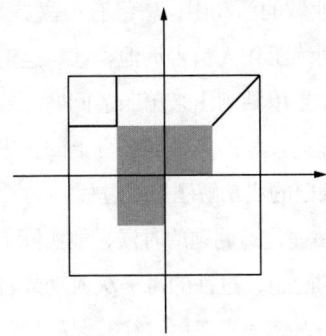

现在将第三象限分割为 4 个形状相同的部分,限时 1 分钟。

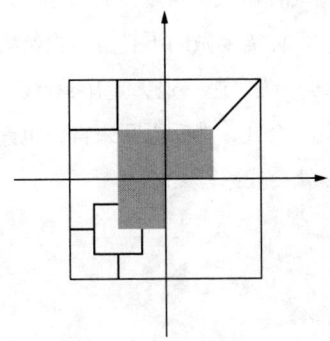

现在麻烦你将第四象限分割为 7 个形状相同的部分,限时 2 分钟。

好啦,不知道你花了多久答出来?本题的答案在本章节最后,但是我很好奇你花了多久意识到前面自己的解题思路实际上让你陷入了一个思维定势,当你想要顺着之前的解题思路去解最后一题的时候会发现特别难,但实际却远不是你想象的那个样子。

在一次为企业做的活动中,曾经有一位员工在这题上卡了1个多小时,并且拒绝工作人员告诉他答案。这道题实际上和智商完全没有关系,如果单独列出来第四道问题,实际上不需要花超过几秒钟,任何学过几何的人都能够马上回答出来,阻碍我们的实际上就是先前几题的成功解题思维过程。

当一个人死磕在这道问题的时候,他实际上就像是进入到了自己为自己打造的隧道,过往的每一次成功或者努力都变成了笼罩住你视野的东西,你一直在用过往答题的思路解决最后这个并不相同的问题,往往这时候就很难看到其实出口就在身后。

所以当你面对无法解决的难题或者困境,反复思索却仍然无法找到出路的时候,你需要做的不是拼命再努力纠结和思考,现在你需要做的是缓一缓,退一退,走出这个思维打造的黑暗隧道,允许自己休息一会儿,然后再回来看,也许有时候就像是这道问题一样,自然就会找到答案。

人类大脑运行过程中的偷懒机制

但除了思维定势导致的钻牛角尖外,我们的大脑实际上存在特别多的弱点,中文中实际上有很多词来描述这些思维中的种种缺陷，比如"杞人忧天""盲人摸象""自以为是""三人成虎"等等，这些词汇实际上都描述了很多人类思考过程中常常出现的谬误。

那么为什么会存在这种情况呢？

1970年代，诺贝尔经济学奖获得者丹尼尔·卡尼曼（Daniel Kahneman）和阿莫斯·特沃斯基（Amos Tversky）用认知偏差（cognitive bias）来描述人类在非理性推论和糟糕判断中出现的种种问题。实际上，有些认知偏差是具有进化学意义的，因为它帮助人类快速寻找过往经验中的共同之处，并对情景做出判断，尤其是那些反应时间比准确性更为重要的任务。

比如说，看到头顶上方有广告牌摇摇晃晃，你的第一反应一定是：危险！赶紧远离这个地方！如果实际上你停留在原地，并开始用物理学知识理性分析这个广告牌究竟是否会马上掉下，并是否一定会伤害到你，并在得到分析结果之后再做出决定是否离开，那么在这个广告牌随时可能掉下的时候，你就是在玩儿命。

在这种情况下，尽管也许你停留在原地并不会丧命，但拥有这种快速做出判断并远离的大脑机制帮助人类在危险的大自然中存活了下来。

我们的大脑实际上很擅长偷懒，它会走捷径。澳大利亚教育心理学家约翰·斯维勒（John Sweller）则提出了"认知负荷（cognitive load）"这一术语来描述人类认知能力的有限性，也就是人脑接收与处理信息的有限性。

如果你学过物理的电学，那么就会知道一个非常简单的现象，同种材料长度越长电阻越大，越粗电阻越小，放电越快。用简单的比喻来说,使用我们大脑中原有的神经回路(也就是基于过往经验的方式)实际上就远比建立新的神经回路费力更少,所以大脑的自动化反应就是选择不那么费力的回路做出反应。

但同时,这个帮助我们快速判断当下情景的机制也给我们带来了后遗症,即在那些其实并不需要紧急回应的情况下,我们可能会快速地做出了糟糕且错误的判断。

一个可以很好说明这个现象的例子,就是我们在本章开始时的"狗屎"故事:面对狗屎的时候,有些人就快速地判断这是自己不小心,或者别人没有公德心,或者是自己倒霉,并因此受到了较他人更长时间的负面影响。

沃森选择任务(Waston Selection Task):你的逻辑推理能力如何?

沃森选择任务最早由彼特·沃森(Peter Watson)于 1966 年发表,现已成为心理学中研究推理能力最经典的案例之一。

现在你的面前有四张卡片,分别是 A,K,4,7。如果一张卡片的一面是元音字母,那么它的另一面是偶数。问你必须翻开检查哪些卡片检验这一规则的真假?

请问你的答案是?(正确答案见本章末)

所以不知道你有没有理解这道问题的答案为何如此?

要验证规则卡牌是元音即可推导反面为偶数，那么我们需要检查的证据是：

（1）证实证据，即当下看到的元音背后是偶数；

（2）证伪证据，即非偶数的背后是元音。

很多人会选择，A和4，也有人选K和7，但实际上答案却并非如此。有时候我们自动快速的思维反应背后的思维模式实际上并非得出正确的答案，一个并非正确的答案往往会带来很多问题。

实际上有时候，这样的思维模式也可以解释，为什么有些人会陷入到诈骗、迷信、赌博、自我怀疑、邪教、洗脑、精神操控（即现在的流行术语"PUA"）等等的情境中去。他们在认识自己、他人和世界的过程中出现了非常多的思维谬误，在面对不同现象时推理出了错误的规则：

如果有人和我说我有问题，那么我就是一定有些问题；

如果我不听从，就会有很糟糕的事情发生；

如果对方说中了一些事情，那么他就一定有点神通；

如果对方说话的时候非常坚定，那么他说的也许就是真的；

如果这件事相信的人很多，那么一定就是真的；

如果权威人士这么说了，那么就一定是对的；

如果我讨好别人，别人就会喜欢我……

但实际上，这些推论背后的常见逻辑就如同沃森选择任务中的错误答案一样，并不是真实的。关于逻辑，作者并非专家，如果感兴趣的话可以在各类视频网站搜索与逻辑思维相关的课程。

你也许没有意识到的认知逻辑谬误

在临床心理学中有一个循证治疗流派叫认知行为疗法,总结了很多影响人们情绪的常见思维模式,这些常见但存在问题的思维模式往往给我们带来了很多情绪上的痛苦和折磨。我想邀请你来一起看看,当你感到难受时,是否存在下面一些思维模式呢?

全有全无思维(All or Nothing Thinking)

这个思维模式通常以极端的方式去解释发生的事件,比如说:我要不就是优秀的,不然就是一无是处的;如果我没有完美达成目标,就意味着失败了;这个世界要不就是完美的,要不就是很糟糕的……总的来说,就是一种无法允许复杂性存在的思维方式。

负性滤镜(Negative Filter)

这种思维模式让个体只能看到发生的糟糕事件,忽略或者最小化积极的存在。典型的就是半杯水存在时,只能看到没有满的半杯,做任何事情都只能看到自己做的不够好的地方。

灾难化思考(Catastrophic Thinking)

对于问题或者特定事件的负面影响有着过分夸大的想象和反刍思考(翻来覆去地纠结),并因此感到格外焦虑和难受。

武断推论(Arbitrary Inference)

对于发生的特定负面事件或者现象做出过分武断的推断,比如说:因为一次失败而觉得自己无法成功;因为有人不喜欢自己而感觉到没人会喜欢自己;因为一次被伤害而感觉到这个世界糟糕极了;因为特定区域的人伤害了自己而认为来自这个区域的人都很坏。

贴标签(Labeling)(给自己或他人)

给自己或他人迅速地贴上负面的定义和标签,有时候这种给自己贴上的标签会变成自我实现的语言。比如因为不擅长某事而认为自己很笨,所以开始回避尝试那些让自己感觉到有挑战的事情,逐渐就失去了发展自己的机会,然后比起愿意尝试和挑战的人来说,就缺乏更多经验、技巧和能力。

自罪(Blaming Oneself)

有糟糕事情发生的时候,总是将原因归咎于自己。常见遇到的情况,例如明明是受到了伤害却怪自己为什么出现在那里或为什么没有能力保护自己。

读心(Mind reading)

觉得自己知道别人脑子里是怎么想自己的,尤其是那些对自己评价糟糕或不喜欢自己的人。比如因为一句话说错而感觉到别人会因此完全否定自己。

应该思维(Shouding statements)

总是告诉自己应该、需要和必须去做某些事情,强迫自己去执行,感觉被强迫的同时,还会感受到难受和厌恶。往往这些"应该"让自己承担了很多压力。

这些有问题的思维模式往往会让我们变得更加难受,也扭曲了现实,无论是针对我们自己的,还是针对他人和这个世界的。当然,给我们带来痛苦的思维不一定全部是有问题的,有时候也的确是真实的。例如,我们失去重要的东西时,就是痛苦的。

如果你有这些有问题的思维模式,你会怎么来挑战它们?

每个人可能都会想出不一样的方式,比如有些人可能会以科学研究的角度来看自己的想法是否是准确的,也有人会尝试告诉自己这么想没啥意义,还有人会换位思考想如果是自己的朋友会怎么样。这些都没有任何问题,只要能让自己不被这些有问题的模式困扰,就都是很棒的方法。

不过,如果你暂时想不到什么好的方法,那么接下来我来和大家介绍一种简单的三步挑战这些思维模式的几种方法!

挑战思维三步法

第一步:验证想法的真实性。

(1)问问自己,有什么证据表明我的想法是100%正确的?

(2)问问自己,有什么证据表明我的想法是100%错误的?

(3)用百分比来评估有多相信这个想法是正确的(0%,一点也不相信,100%,完全相信)。用百分比来评估有多相信这个想法是错误的(0%,一点也不相信,100%,完全相信)。

第二步:和一个你信任且对世界有相对客观看法的人聊聊。

(1)通常我们在和别人表达与对话的过程中会有不一样的想法;

(2)不同人会有不同的观点,这个人是怎么想的;

(3)如果你的朋友或者你在意的人有这样的想法和问题,你会告诉他什么?这些建议对你是否有效呢?

第三步:如果……

问问自己,如果我的想法是100%正确的,或大多数情况是正确的，我可以怎么做？

实验挑战法

如果你感觉到并不确定自己的想法是否准确，那么很好的方法就是像一个科学家一样，为自己的想法设计一个实验，并在不同情境下观察是否自己的假设是正确的。

例如，如果你的想法是"如果我失败了，别人会看不起我"，那么也许可以在不那么重要的场景中故意失败几次，并观察别人的反应。

"是，但是"法

当我们感觉到难受的时候，大脑常常会出现很多关于我们自己或所处情境的各种负面想法。"精神性视野狭窄"会让我们无限关注在这些负面的东西上，让我们感觉到似乎一切都无比负面。

"是，但是"法有趣的一点在于，它没有要求我们忽视或否定我们的想法，而是在整个想法中通过加入一些新的适应性或积极的想法来平衡这些东西。

下面举几个例子。

原来的想法：死亡好可怕，我对自己也会死亡和死亡之后会是什么感到无比害怕。

取代适应性/积极的想法：死亡的确是很可怕的，我也的确感觉到害怕，但是在死亡前的每一分每一秒我都可以选择自己要怎么活。

原来的想法：公共演讲的时候我总是很紧张，表现得很糟糕。

取代适应性/积极的想法：公共演讲的确让我很紧张，我过去也表现得很糟糕，但我正在尝试努力学习和练习更好地演讲技巧,我是有进步的。

停止内在批判与指责

在所有我见过的来访者中,有一个最为常见且最令人头疼的共同点就是,他们内心存在强大的内在批判的声音。在与他们工作的整个过程中,最令人头疼但又感觉很有意义的工作也在于此。

这些可怕的声音又从何而来呢?在成长过程中,很多时候我们会接收并模仿接收到的负面评判,无论是来自家人、学校或是社会文化,并因此不断重复、合理化形成了我们内在的思维模式。所以,尽管可能知道我们没有那么糟,却总会下意识地和他人比较,批评自己不够好、不够努力、不够聪明、不够认真、不够有天赋、不够完美……

这些话语实际上除了让我们感觉到更加难受之外,并没有什么好处。有人会说,实际上这些指责是出于好心,可以让我们变得有羞耻感,可以推动我们向前走。

这一观点可以说完全错误,一个人想要往前走需要的是清晰有意义的目标、针对错误和失败的客观分析、了解成功的原因、往前走具体的方法和建议、足够好且有弹性的计划,还有一些陪伴、支持和鼓励让他/她有动力。

指责、贴负面标签还有批判是最容易做、却毫无用处的事情。这样的想法除了让我们感觉到更加难受,还会让我们失去希望和动力。有人会提出知耻而后勇,但知耻而后勇的前提是,我们并不喜欢自己当下的状态/行为模式,却并非否定自己的可能性。我们的行为是需要改进和调整的,但是我们的存在是无条件的,并在不断变化。对我们自己来说,"我"是独一无二且最重要的。

那我们要如何去应对这些可能对自己来说并没有用的想法呢?

每个人都是独特的个体,所以可能下面的方法并不完全适用于你,但也许在尝试完这些方法后,可以试着以自己的方式创造出适合自己的方式。

"停止"指示牌:打断自动化的思维模式

当你意识到自己开始自我批判时,在脑海中想象出一个写着巨大"停止"的牌子,这个牌子可以按照你自己的意愿去设计,运用视觉想象来帮助自己打断自动化的评判思维。

观想法:与想法保持距离

我们并不是我们的想法,每个人在意识清醒的时候每秒钟都会闪过千万个念头,有关于自己的、关于他人的,还有关于这个世界的。这些念头有些合理、有些荒谬,但很重要的一点是,我们的想法只是想法而已,它们只是我们意识的一部分,我们不只是我们的想法,我们是想法的主人。所以当想法出现时,我们可以以正念的方式去观察自己的想法,就像是把这个想法作为一个独立的物品。具体正念是什么,可以参考关于"正念"的章节。

当你意识到自己开始自我批判时,不需要马上对这个想法和自己因为这个想法而引发的情绪感受作出反应,做几个深呼吸,带着觉察、好奇和不评判,单纯去观察这些想法的出现,保持距离。

允许愤怒出现来保护自己

当这些想法出现时,本质上我们在受到攻击。面对攻击时人们往往会出现几类反应:站、逃、僵住或者有时候还有讨好。

这三种反应都有其适应性,但在内心世界里我们实际上是安全的,可能由于种种原因面对这些想法,我们没有力量去反驳,下意识就认同了这些可能来源于过往经验的想法,这时候可以利用愤怒来帮助我们去反抗这些攻击。

当这些想法出现的时候，在内心允许自己愤怒，大声地在内心对那些声音说"闭嘴""我不需要你这些没用的指责""我不害怕你，除了指责和攻击，你还会什么"，或"你曾经影响过我，但我不会允许你来定义我和我的生活"，或者其他你认为能保护自己边界的话。

训练并强化自己的积极资源与记忆

当那些负面想法出现时，我们会忽略很多关于自己很棒的东西，注意力会完全放在消极的想法和信念上，有时候我们得利用自己已有的资源帮助我们不被这些自责、否定和批判所占据。就有些像我们的积极情绪与思维的肌肉，这些需要经常地练习，以帮助我们强化那些实际上原本并不太粗壮的神经回路。

例如，我们可以使用感恩日记，每天晚上临睡前写下自己感恩的三件事，这是一项非常经典的积极心理学研究发现的有效作业。

或者可以为自己保留一本笔记本，在笔记本上写下所有关于自己的优点与资源，记录那些让自己感觉到不错的瞬间，提醒自己拥有的价值和棒的地方。

最后的思考：人类与动物的差异

我有一个问题要问你：你认为人类与动物有什么本质上的差异，你的答案是什么？

语言？使用工具的能力？意识？社会结构？社交属性？还是什么？

如果你仔细观察动物世界，你会发现鲸使用不同的声波变化来进行沟通，甚至会唱由不同主题组成的鲸歌，鬣狗有着类似人类社会般的阶层结构和狩猎进食规则，乌鸦会使用工具等等。

但的确，人类社会与动物社会有着如此多的不同，我们拥有语言、复杂的工具、社会运行的规则与法律、分工不同且专业化的职业、强大的学习能力、文明等等，这些似乎在动物世界中不存在。

如果我们找到所有动物，并观察它们和它们大脑的运作方式，实际上你会发现，人类拥有的很多能力并非人类独有，一部分动物也会制造并使用工具，遇到问题会追随同类的目光，拥有镜像神经元，会模仿，有元认知能力，有心理理论（对于他的内心的理解）、意识、社会性和语言。那你认为是什么导致了人类社会与动物之间的差异？

有脑神经科学家将人类近亲猿类作为研究对象，尝试探索动物的思考过程，究竟与人类在本质上有什么区别，却发现实际上人类拥有的很多能力并非独一无二，在很多动物身上都能够找到，只是有些是以较初级的方式在运作着。其中我们与非人类动物的最大区别在于人类处理信息的能力，即当接收到同样的信息时，我们大脑中激活的神经元数量、密度、神经元间的传递速度和大脑皮质层远距离的层间激活有着显著的不同。而其中，神经活动最大的不同出现在语言的使用中，使用语言需要拥有更强的工作记忆，并在工作记忆中调试有着不同序列的事件。

用简单的话总结就是：现代人类与动物的区别在于：第一，我们大脑处理信息的速度、深度和广度；第二，我们的记忆能力能够构建更复杂的语言和行为。

用再具体的话来说就是：区别就在于我们对世界理解的速度、深度和范围远超动物，而我们也更有效地利用了我们更高级的记忆能力，去实现更复杂的语言和行为。

换个角度来看,也许正是作为人类的我们有着很强的思维能力,所以我们的文明才能建立与发展。我也想邀请读到这里的你们,对自己的大脑保持好奇与审视,同时好好保护自己的大脑呀。

推荐阅读书目:
《认知天性》作者:彼得·C.布朗
《胡思乱想消除指南》作者:萨拉·埃德尔曼

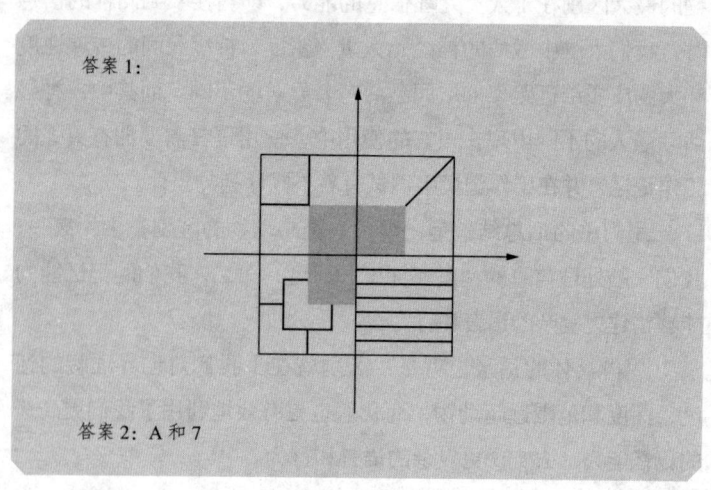

答案1:

答案2:A 和 7

第三章

睡觉,你真的睡好了么?

2022年6月世界卫生组织(World Health Organization)发布了《2022年世界卫生统计》报告,数据显示中国人2019年的整体预期寿命为77.4岁,如果按照一天平均睡7个小时来算,那么我们一辈子就需要睡197757个小时,也就是8239.8天,1177.1周,或22.575年!

睡眠作为一种占据了我们生命几乎三分之一的生理活动,如果说将人类作为研究对象的心理学,把睡眠忽略过去,那就太说不过去啦!作为为数不多可以被观察、量化和可重复的人类行为与状态,自19世纪末生理心理学建立,心理学研究者就开始了对它们的探索。

一起来研究睡眠吧!

我想问你们一个问题:如果你要假装自己已经睡着,你会怎么做?

我想大部分人都曾经成功装睡过,那你们就一定了解一部分睡眠时人体的生理状态。例如如果要装睡,我们就一定会让呼吸变得又深又长,而且也会放松面部的肌肉,如果有什么声音也需要装作听不见,被叫醒时也得迷迷糊糊,反应很慢。

关闭的自主神经系统

当我们进入到睡眠状态的时候,实际上你的交感神经系统就开始逐渐关闭,这意味着你的血压会下降,你的呼吸也会变得缓慢。

如果你看过关于雪崩或者极冷天气的灾难电影,那么你就一定会看到过影片中的角色对体力透支、处于失温状态的朋友大喊:"不要睡着!答应我,保持清醒!一定不要睡着!"你心里是否存在疑问,这是为什么?

实际上,当我们进入到睡眠状态时,不仅我们的交感神经系统会关闭,大脑中调节温度的细胞也会停止工作。在进入睡眠后几个小时内你的体温会达到最低值,随着你逐渐清醒,你的体温又会逐渐上升。

所以对于本身就处于失温状态下的人来说,如果进入到睡眠状态,就相当于给正在勉强燃烧发热、维持可以存活体温的身体按下了停止键,而本来在此时就已经变得非常缓慢的心跳、下降的血压会继续减速运行,直到最终体温降低到你的身体完全无法维持存活,死亡就会到来。

换个角度来讲,如果你想要让自己睡得更好,这里就可以利用身体的这一特点,将室温调整到让你感觉到微凉的温度,这可以帮助提醒你的身体到了需要休息一会儿的时间,你就更容易进入到睡眠状态。

睡眠的不同阶段

不知道你是否曾经偷偷观察过别人睡觉,或者家里的宠物睡觉的时候是什么样的?

也许你观察到他们呼吸频率的变化,偶尔还会出现眼球的快速转动,实际上在睡眠领域这些眼球快速转动的睡眠阶段被我们称为"快速眼动期"(Rapid Eye Movement,REM),大部分的梦都会在这个阶段发生。

我们睡觉的时候实际上会在两个不同的睡眠状态中不断变化,一种就是刚才提到的快速眼动期,另一种则是非快速眼动期。其中非快速眼动期可以细分为三个阶段,N1(非快速眼动第一阶段),N2(非快速眼动第二阶段),N3(非快速眼动第三阶段),每一个不同阶段我们的肌肉、脑波和眼球移动都会呈现出不同的变化。每个你睡着的夜晚,你的身体会经历4~6个不同阶段的循环变化,每个循环会持续90分钟左右的时间。

NREM 1(非快速眼动第一阶段)

刚刚入睡并进入N1阶段的人会出现肌肉放松,如果你在他们身边,可以观察到面部肌肉的变化,他们的体温也开始下降。如果他们的大脑连接着脑波检测仪,你会发现他们的脑波会从繁忙的Beta波逐渐进入到频率没那么快的Theta波(见下图)。

在这一阶段你对于外在环境发生的一切并无有意识地觉察,但却比较容易突然醒来。有时候你会发现自己突然瞌睡过去了,这就意味着刚才你进入的就是N1阶段。

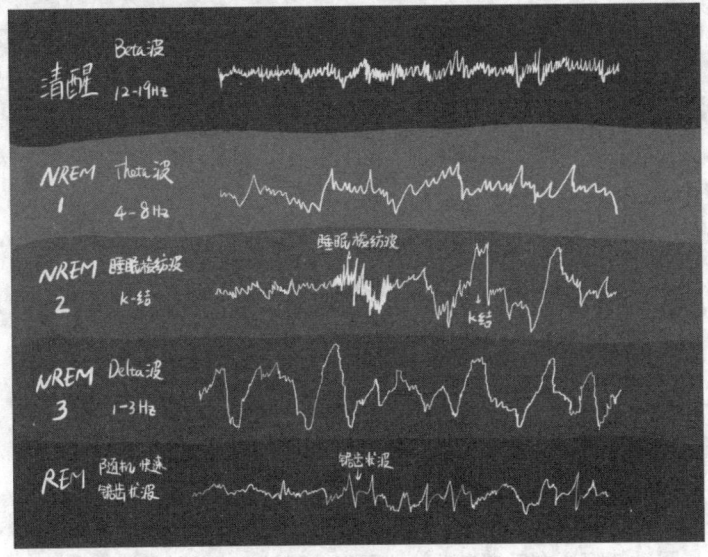

NREM 2（非快速眼动第二阶段）

当我们逐渐进入到 N2 阶段的睡眠时，我们的身体会呈现出一种深度的放松状态，我们的脑波会间隔随机出现像梭纺型的波，而这些突然出现的睡眠梭纺波对人类大脑的学习与记忆有着至关重要的作用。

除此之外，N2 阶段也有一种独特的波叫 K 结，这种 K 结的波峰波谷形态与人类在面对高强度刺激环境时的脑波部分类似。目前我们猜测 N2 阶段这部分的脑波是我们对于睡眠期间外在高强度刺激进行反应的桥梁。

NREM 3（非快速眼动第三阶段）

N3 阶段的睡眠就是我们通常说的深度睡眠或者慢波睡眠，

在这个阶段我们的心率和呼吸都变得特别慢,而且也特别难被叫醒。

如果我们的睡眠结构中缺乏深度睡眠,那么通常第二天你就会感觉到尽管整个人睡眠时间也许够了,但是却依然很疲惫,昏昏沉沉的。

REM Sleep(快速眼动睡眠)

快速眼动期顾名思义就是指睡眠中我们的眼球不断运动的阶段,我们的梦境大部分都在这一阶段出现,这一阶段尽管我们的身体依然处于休憩的状态,但是大脑的活动却十分频繁。快速眼动期对于我们大脑的记忆巩固与学习也有着很重要的作用。

研究快速眼动睡眠的人们发现,如果刻意打断人类的快速眼动睡眠,然后允许被试者自由地睡觉,这部分因打断而缺失的快速眼动睡眠会在后期自动补偿回来,同时人类的情绪处理与调节似乎也与快速眼动睡眠有关。

观察你的睡眠!

下图就是某智能戒指汇报的睡眠数据,比起医学睡眠监测的精确性还是差了不少,但也能给予我们自己当晚的睡眠质量数据,包括入睡时间,REM 睡眠时间,深度睡眠的时间,大概的睡眠阶段循环次数,维持睡眠时间等等。

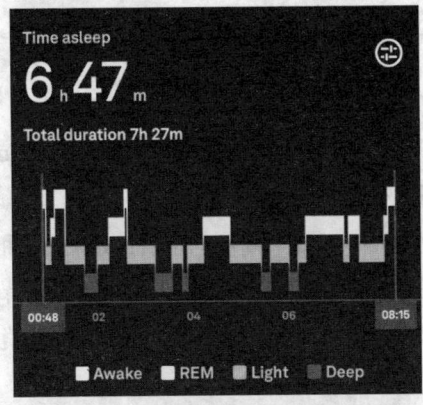

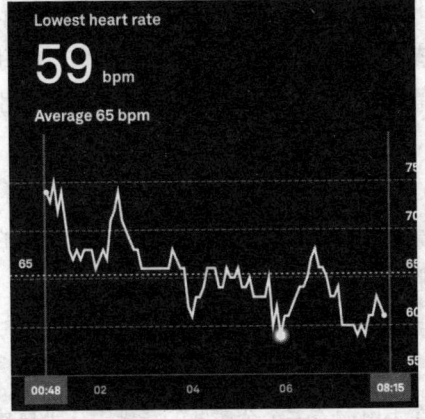

（该两图为 2023 年 2 月 17 日夜间的睡眠真实记录）

我们可以看到，随着你逐渐进入到深睡状态，你的心率会逐渐下降，直到你早晨逐渐醒来。

如果你愿意，可以通过记录自己的深度睡眠百分比，与第二天的自我感受来验证，我们上文提到生理心理学研究者对于睡眠的研究结果，是否与你的结果一致哦！

第三章 睡觉，你真的睡好了么？

睡眠的不同阶段：你睡着需要花多久？

我想问大家一个问题，你觉得自己睡着是一瞬间的事情，还是一个逐渐进入到睡着的过程？

大部分人睡着其实是一瞬间的事情，如果你不相信，可以试着在晚上睡着之前用手机或者广播小声音播放一个节目，第二天起来的时候回想一下，声音是逐渐消失还是突然就消失的。

实验1：你睡着要多久？

不知道你通常需要多少时间睡着，对于我来说，通常10～20分钟左右我就可以进入到甜蜜的梦乡。为了确定睡着的时间，你可以在准备入睡前记录时间，然后第二天在运动手环的睡眠记录里寻找到大概的记录。

当然，这样的记录并不是特别精确，如果你有科学家的精神和愿意承担一点点快睡着被叫醒的折磨，那么下面的方法绝对可以让你精确地确认自己入睡的时间。

首先，当你感觉到困意打算开始睡觉的时候，记录下这个时间。

然后，在手里握着一个金属做的汤匙，让手自然地垂放于床旁边。

当你快要睡着的时候，你的肌肉会自然地松弛，而你手中的汤匙就会自然而然地坠落在地上把你吵醒，记录下你被吵醒的时间。

你打算睡觉的时间和你被吵醒的时间之间的"时差"，就是你通常睡着需要的时间。

(该实验操作来源于《睡眠的价值（*The Promise of Sleep*）》一书，作者为威廉姆·德蒙特）

实验2：好玩的内在时钟实验！

每个生物体内都有自己内在的生物钟，在鸟类身体里告诉它们什么时候该南飞迁徙，在人类身体里则是感受时间的能力。每个人内在评估时间的能力都会有细微的差异，所以我想邀请你和身边的朋友来参与"睡眠与生物钟实验"，测试一下自己内在生物钟的准确性。

请你和朋友一起尝试无任何工具来数60秒，其中一人说开始后用秒表计时，另外一个人开始每秒报数，到60秒时停下秒表。

你们也可以尝试几次，也许可以试试不同的时间间隔进行测试，比如5秒，15秒，30秒，90秒，120秒，看看你们的生物钟准确性会不会出现变化，是变准了，还是变不准了？

你们还可以在一天的不同时间段来测试，比如早上、下午和晚上，看看测试的时间点会不会影响你们的准确性！

睡眠中的梦

梦是人类意识里特别有趣的一部分，但是如果不是刻意去记录或记忆，往往我们很快就会忘记我们做的梦。

每个人的梦境都会有所不同，接下来我想邀请你想想下面的问题：

（1）你做的梦是色彩的吗？

（2）在梦里你会感觉到时间的流逝吗？

（3）在梦里你是什么感觉，又有什么情绪？

（4）一个晚上你能记得几个自己做过的梦？

（5）不同的梦里会不会有同样的人、事件或者场景出现？

（6）你梦到的是最近白天遇到的事情吗？

（7）如果在睡前想着一件事儿，在梦里"这件事儿"会出现吗？

（8）你看的电影或者视频会影响你做的梦吗？

（9）工作日和周末的梦会不会有什么不一样？

人究竟为什么会梦见这件事儿，虽然我很想告诉你我有答案，但这个问题依然是一个未被完全解答的谜题。不过从目前针对睡眠的研究结果来看，我们至少知道梦对记忆有再巩固的功能，同时梦也会帮助我们调节自身的情绪。

你会发现有时候很多人都会做一些类似的噩梦，比如牙齿脱落、被追杀、迷路/被困住、生病、坠落或者遭遇事故等等。目前对梦的研究告诉我们，大部分噩梦可能来源于曾经经历的创伤性事件、焦虑（尤其是那些有焦虑症的人）、解离体验和生理发生的变化等等。

如果你或者身边的人因为经历了一些特别糟糕的事情，有时大脑可能会因为这样巨大的创伤引发强烈的应激反应，其中一种常见的反应是再体验症状，就是你的大脑因为巨大的刺激不断地回放曾经经历的伤害，噩梦就是其中典型的一种形式。

如果你或者身边在意的人有类似的体验，这是我们人类面临创伤后正常的反应,但这不意味不痛苦,所以如果这样的反应持续超过一周,一定要向专业人士寻求帮助!

你起床需要闹钟吗——人体内的生物钟

我们每个人都遇到过需要在某个时间点必须起床的情况。我很好奇,你们通常起床是在闹钟响起后才醒,还是闹钟响之前很久就起来了,或是总是可以在闹钟响起前一会儿就会自动醒来?

有些人似乎并不需要闹钟,在大部分情况下,他们能够在闹钟响起之前一两分钟准时醒来,闹钟对他们来说更像是保险。尽管这些人作息并不规律,但神奇的是他们内在对于时钟的感知似乎总是比较准确的。

实际上在我们大脑中有一个掌管着对时间感知的区域,位于下丘脑,叫视交叉上核(suprachiasmatic nucleus),它连接着眼球,而这个区域帮助人类能够像其他动物一样感知日夜、季节和时间。曾经有很多心理学研究结果发现,人类的内在生物钟是以 25 小时为周期进行运作的,但 1999 年哈佛大学在《科学(Science)》杂志上发表了一篇关于人类生物钟的实验论文,他们认为曾经的心理实验忽略了人工灯光对于人体节律的影响,从而导致实验结果的不准确,实际上人类内在时钟的节律是 24 小时 11 分,远比曾经以为的 25 小时更为接近实际 1 天的 24 小时。

在该实验中，研究者邀请不同背景和年龄的受试者花一个月的时间在实验室里，在实验中受试者会完全接触不到日光。灯光、饮食、起床、睡觉的时间等被人为控制，通过每天让受试者晚 4 小时睡觉来创造一个一周 6 天的人为"星期"。

但实际上，尽管受试者只过了 6 天，但他们的体温、体内分泌的褪黑素、皮质醇等都出现了以平均 24 小时 11 分为循环的起伏变化。所以很明显，无论你起床和睡觉的时间是什么样的，内在的时钟依然非常稳定。

（哈佛大学研究相关链接：https://news.harvard.edu/gazette/story/1999/07/human-biological-clock-set-back-an-hour/）

为什么你会晚睡呢——夜猫子你好

越夜越兴奋，越夜越清醒，不知道说的是不是你？不知道你有没有观察到自己小时候的晚间状态和当下的晚间状态有什么不同。似乎不知道从什么时候开始，我们如果第二天不需要早起，似乎可以一天比一天睡得晚，只要我们有手机或者电脑。

实际上，光对人们的影响其实就解释了为什么大部分时候我们会这么晚睡：因为电子产品的光会通过你眼球连接的视交叉上核不断更新和调整你的身体感知该休息的时间，而一旦错过了真正感觉到困的点，你就会变得一点也不困，甚至很清醒。

你知道自己究竟需要睡多久吗?

每个人在人生的不同阶段都会有着不同的睡眠需求,刚出生的孩子可能除了吃喝拉撒就一直在睡,当他们开始成长,他们对睡眠的需求开始逐渐下降。

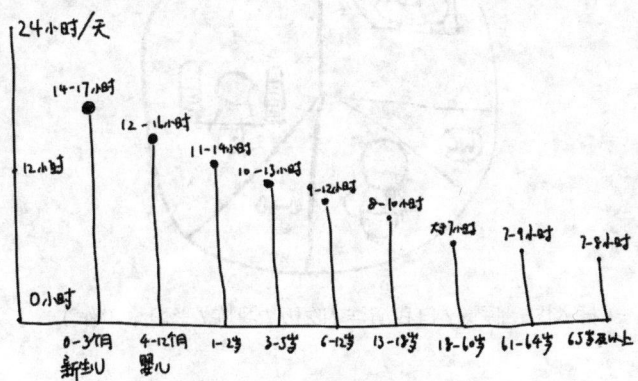

随着年龄增长,你需要多少睡眠

(该数据来源于 https://www.cdc.gov/sleep/about_sleep/how_much_sleep.html)

你睡够了吗?

就像前文说的,每个人的基因不同,所处阶段不同,那么我们又如何知道自己在此时此刻需要多少时间的睡眠呢?

下面我想邀请你思考下面的四个问题,在过去的一周里:

(1)你醒着的时候会感觉到疲惫或乏力吗?

(2)你醒着的时候会感觉到困倦或睡意吗?

(3)你醒着的时候会打瞌睡或睡午觉吗?

(4)你会觉得自己没睡够吗?

如果你对于这些问题的答案大多数是"是"的话,很有可能实际上你现在的睡眠时间和质量并没有满足你身体的需要,所以在睡眠结束后你的身体和大脑并没有处在一个最佳的状态!

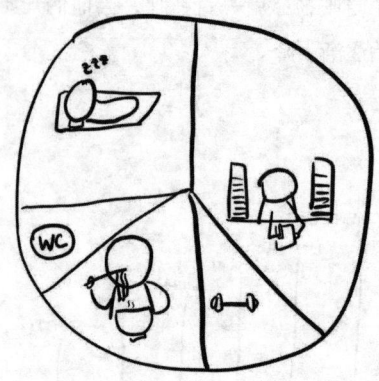

(插入图:睡觉/自我清洁/吃饭/锻炼/学习+工作)

心理学家对睡眠还有什么样的发现?

1894年,俄罗斯医生玛丽·德·曼纳欣(Marie de Manaceine)发现连续几天的睡眠完全匮乏会导致死亡,最严重的机能损伤出现在大脑。1898年意大利生理学家兰博托·达迪(Lamberto Daddi)和吉利奥·塔罗兹(Giulio Tarozzi)将狗作为受试者,不断干扰它们不让其进入睡眠状态,在9到17天之间这些实验狗全部死亡,在此期间它们的进食状态与其存活的时间并无相关。

1898年精神科医生西萨勒·阿戈斯蒂尼（Cesare Agostini）也针对狗进行了类似的实验，实验狗大概存活了2周。当被解剖后发现，它们的脊神经梢、小脑的浦肯野细胞（Purkinje cell，这是小脑皮质中最大和唯一能够传出冲动的神经元）和前额皮质的神经元都出现了退行性病变。

当你持续不睡觉时，你的身体会产生什么样的变化？

- 12～16小时：你开始感到轻微的疲惫和困倦。
- 20～24小时：感觉体力和精力整体耗竭。判断力下降，注意力下降，肢体控制和协调能力下降，此时很容易发生事故。
- 36小时：血压上升，血糖上升，生理病理性症状开始出现。认知上出现迟滞，记忆力出现下降，开始无法识别面部表情和情绪。
- 48小时：免疫系统被抑制，更容易感觉到饥饿，不容易感到饱腹感，说话表达能力开始受损。
- 72小时：开始感觉特别渴睡，甚至在站着的时候都能够睡着，出现幻觉，感官知觉能力出现受损，更容易发生严重的事故，妄想、焦虑和抑郁的情绪开始显著增加。

- 超过 3 天：上述所有症状都会逐渐加重，你会真实地感受到"身体被掏空"，并开始感受到某些身体疼痛、血压升高等身体症状。有些人可能会在这个阶段由于体内皮质醇的短暂升高出现轻微的兴奋和活力，但不会持续很久。

长期不睡觉可能会对人类有什么影响？

似乎物质缺乏导致的死亡我们都很能理解。没有氧气，大脑就会死亡。如果不喝水，人类能存活 2～4 天。如果有水但不吃东西，人最多能活 30～50 天。

但是对于人如果一直不睡能够活多久这个问题，心理学家也没有很确定的答案，因为现代社会科学研究都认同，所有与人相关的实验都不应该对受试者产生不可挽回的伤害。但目前已有的一些科学记录也许可以让我们看到，人类的身体究竟可以忍受多长时间的睡眠剥夺。

1963 年 3 月，17 岁的美国高中生兰迪·加德纳（Randy Gardner）进行了一场史上最长被科学记录的清醒无睡眠实验。在没有任何兴奋剂帮助的情况下，他在长达 264.4 小时（约 11 天 25 分钟）的时间里刻意避免睡着。在实验结束的时候，他呈现出很多不同的症状：碎片化的思考、言语含糊、妄想和短期记忆丧失等等。

在第 11 天的时候,他被要求从 100 开始减去 7,但他在 65 的时候停了下来,并告诉研究者,他已经不记得自己在干什么了。从某种意义上来说,他已经成为了行尸走肉,丧失了与外界世界进行稳定互动的能力。

睡不好的千万种姿势和原因

可能大部分正在阅读本书的你们都不会经历失眠,当然有一部分也会失眠。你们看完这一章,可以讲给自己的家人,也许很多他们都不知道呢!

失眠有很多种类型。有的是很难睡着,躺在床上几十分钟都难进梦乡;有的是睡觉中途经常醒,睡眠质量糟糕;还有的是早醒,没睡几小时就清醒了,怎么也再睡不着;也有的是睡了整晚但是起来却感觉疲惫不堪;还有的是对睡不好这件事儿感觉到很焦虑、很烦躁,或者总是担心自己睡不好。

因为睡眠的确十分重要,如果睡眠问题已经影响到自己的学习、工作和生活,那么就一定要及时去看医生,因为有时候是一些病理相关因素哦。

失眠的原因多种多样,很多原因可能会突然打乱你的睡眠,让你晚上睡不着觉。大部分人可能偶尔睡不好,之后就会恢复正常。但有些人可能会出现长时间的睡眠问题，这个时候往往背后有很多原因。

有些比较常见的原因，可能每个人都体验过它们对睡眠的影响。

（1）压力。如果你有很多关于学习、工作、健康、钱或者人际关系方面的担忧，那么你的大脑往往很难放下担忧，让自己进入睡眠状态。

（2）昼夜颠倒，睡觉时间不规律。一旦进入到寒暑假或者假期，往往我们的作息就会出现较大的变化，这时候我们的睡眠就会进入到一个生理时钟被打乱的状态，有时候就会失眠。

（3）糟糕的睡眠习惯。如果你白天喜欢打瞌睡或者午觉，在睡前激烈锻炼或者吃很多东西，喜欢在床上工作、学习、吃东西，还喜欢在睡前一直玩电子产品，以上每一项都有可能影响你的睡眠质量和节律。如果你有睡眠问题，可以尝试调整一下这些睡眠习惯，看看是否有所帮助哦！

有时候，医学或生理方面的原因也会影响我们的睡眠。

（1）常见的心理健康问题，如焦虑、抑郁、双相情感障碍等等也会很大程度地影响我们的睡眠。失眠常常伴随着那些心理健康问题出现。

（2）某些药物也会影响我们的睡眠，例如一些治疗哮喘、抑郁或高血压的药物会导致睡眠状态受到影响。此外，一些非处方药物，如止疼药、抗过敏药物、减肥药等因为常含有咖啡因或其他神经兴奋性物质，也会影响我们的睡眠。

（3）慢性疼痛、癌症、糖尿病、心脏病、哮喘、甲亢、帕金森、阿尔兹海默病等疾病都与失眠相关。

（4）与睡眠相关的特定病症，如睡眠呼吸暂停综合征、不宁腿综合征等都会导致睡眠问题。

（5）咖啡因、尼古丁与酒精也会影响睡眠。常见的咖啡、运动饮料、奶茶或者各类含茶或咖啡因的饮品等含有神经活性物质，所以下午三四点以后喝这些饮品会导致你夜晚无法很好入睡。

简单的助眠小贴士总结！

（1）尽可能只在睡觉的时候躺在床上。如果在床上花过多的时间却不睡觉，那么你的睡眠可能在一段时间后会变得很浅，深度睡眠的时间可能会减少。

（2）让你的卧室尽量安静且没有光线。噪音和光线可能会导致我们从睡眠中突然醒来，从而影响我们的睡眠质量。如果你对失眠感觉到焦虑，可以把提醒你几点的手机、手表和时钟等放在看不到的地方，以免让自己越看越怕睡不着而感觉到焦虑。

（3）如果发现控制不住自己晚睡，那么睡前尽量避免使用电子产品。

电子产品的光线会影响人体内在昼夜节律的正常运行，让你感觉不到困，从而不断推迟睡觉的时间。

（4）在睡前一到两小时的时候泡一个 20 分钟左右的热水澡可以帮助你睡得更好。

（5）避免白天的小睡或午睡。很多人会因为失眠而选择在白天小睡补觉，但是往往这些补觉会导致晚上更睡不着，恶化失眠的状况。此外超过10～20分钟的补觉常会引发昏昏沉沉的感觉,有些人会因此感到头疼。如果真的需要,尽可能不要超过10～20分钟,且最好在下午3点之前起床。

(6)晚间不要喝太多水。如果肚子饿了,可以吃点简单的零食,让自己不饿着睡着。

这里注意,不要吃那些含有咖啡因的食物、饮料,也不要吃那些高脂肪、高热量的零食,比如巧克力、花生、薯片等等。

(7)避免在睡觉前4～6个小时喝/吃含咖啡因的东西。虽然这里提到了4～6个小时,但是我们必须了解到自身身体(基因)天生的不同,比如我就是咖啡因代谢较慢的那一类人,可能提前4～6小时不喝咖啡并不足以让我的身体完全代谢体内的咖啡因,所以我至少需要在睡前8～10小时避免摄入咖啡因,否则我的入睡时间就会受到严重影响。

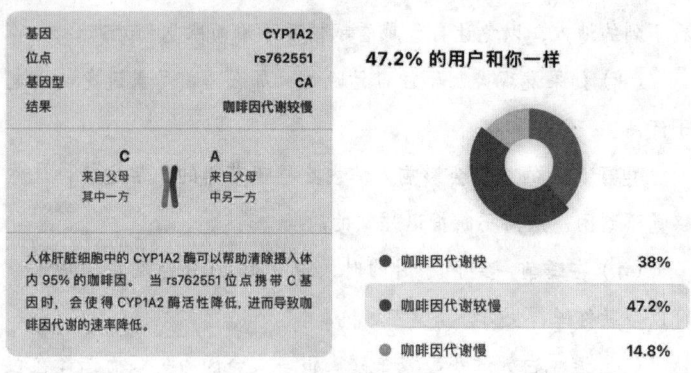

(图片来自某基因相关产品获得的数据结果)

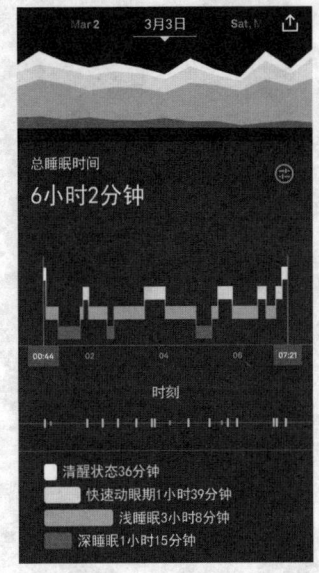 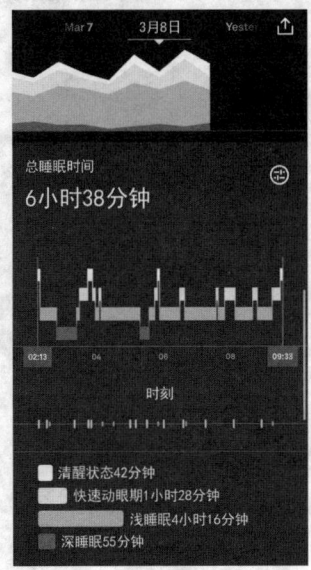

上图 3 月 3 日数据为喝了 2 杯咖啡，3 月 8 日数据也为喝了两杯咖啡。尽管数据量很少，有太多变量，但是可以看到一些有趣的对比：入睡时间的不同，深度睡眠的百分比的不同。如果读到这里你感兴趣，也可以尝试利用各种智能穿戴设备来研究自身的睡眠哦！

推荐阅读书目：
《好睡：新的睡眠科学与医学》作者：杨定一
《睡眠革命》作者：尼克·利特尔黑尔斯

第四章

吃与心理学

只要活着,我们的身体就在不断消耗能量并代谢物质。比如我们吸入氧气呼出二氧化碳,摄入食物就必须去一下五谷轮回之所。而我们的大脑,虽然仅占体重的 2% 左右,但作为摄入能量消耗的大户却消耗了人体摄入能量约 20%,如果你长时间处于饥饿状态,你知道你的大脑会有什么变化吗?

回想一下,是否有曾经感觉到很饿但没有办法吃东西的时候,自己的感受如何?

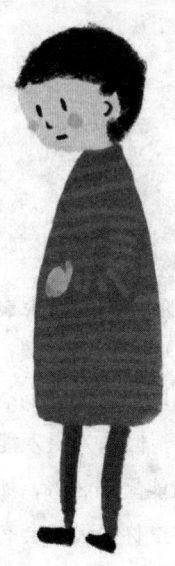

明尼苏达饥饿实验

1944 年,在"人类受试者研究伦理审查"这回事儿还不存在的七十多年前,美国明尼苏达州的心理学研究者安塞尔·凯斯（Ancel Keys）设计并执行了一个放在现在完全不可能通过伦理审核的实验:

研究者让 36 个健康的成年男性挨饿 24 个礼拜,不仅只能吃正常成年人所需热量一半的食物,还得每周步行 35 公里。

实验过程中研究者发现，这些原本健康的成年男性有一些患上了抑郁症、癔症和疑病症，甚至有人说自己梦到了吃人的场景。而在实验结束后，这些实验志愿者的体重恢复到了原来的体重，但体脂含量却达到了原来实验节食前的140%。

被饿到的大脑

如果你想看到更多人类长时间挨饿会产生什么样后果的证据，你可以看《荒野独居》这个美国综艺节目。参赛者被放逐到并不适合现代人类居住的地点，如南北极、荒岛、深山、原始热带雨林等等，每人只能携带限定的十件工具，只要能够生存100天或坚持到最后就能得到巨额奖金。

一开始所有的参赛者都各展神通，但当整个环境让参赛者难以获取食物，接下来参赛者能够做的就是节省食物。作为观众，你会发现因为饥饿而导致的各种明显变化：稍微进行体力活动，那些体重急剧下降的参赛者就开始心悸、头晕、甚至晕倒；孤独与饥饿让参赛者的情绪变得低落，一些失败变得非常容易情绪崩溃；当参赛者体重降低到威胁生命的程度时，节目负责定期体检的医生就必须勒令他们退赛。

当我们身体进入到饥饿状态的时候，不论你相信或不相信，你的整个大脑和身体都会受到巨大且全方位的影响。

（1）你身体消耗能量的速度会大幅下降。因为就像欧洲在能源危机下开始限制用电一样,你的身体也会因为饥饿和热量的缺乏开始节省能量的消耗。用专业术语来说,你身体的代谢率就会下降。

（2）你的大脑会开始难以正常工作。因为大脑占据了整个人体消耗的大头,所以身体为了存活,往往会很快下降大脑活动的水平。从体验者角度来说,你会发现自己记忆力变差、反应变慢、注意力难以维持,还有感觉自己"变笨"了等等。

（3）你的大脑因为无法拥有足够多的能量,所以就很难自主调节情绪。你的情绪会变得低落,不想和他人接触,研究显示限制饮食会让你变得更加容易焦虑和抑郁。

减肥失败背后的心理生理学

在这里想要跟大家介绍一个有些反直觉的真相:节食并不能让你变瘦,反而可能是你不断在瘦身变胖的状态中左右摇摆的原因之一。

当你饿了,你的大脑和身体会自动进入到努力为身体摄入和储存食物的模式,你会发现自己对食物的渴望和想法变得明显更多,食物会占据你更多的思绪,你的胃部会分泌一种名为脑肠肽的激素,让你不断感觉到饿意,并促使你的大脑逐渐被食欲和食物所占据，进入到非常原始和强大的生存模式。

而当你再次面对食物的时候，很有可能会感觉到一种"无法控制"自己食欲的冲动，其中一部分人可能会因为饥饿出现暴饮暴食。

当我们情绪低落和难受的时候，不知道你是否出现过这样的行为：尽管实际上肚子已经饱了，但是却特别渴望某种甜食、油炸食品或者特定的食物，接下来会吃很多超过自己平时食量的东西，最后撑得不行，还有很强烈的愧疚感。

这种恶性循环就成为了现代人减肥中无法逃脱的黑洞。

那究竟如何摆脱这样的恶性循环呢？

其实这个循环中每一个环节的切断都很重要：

（1）不要让身体长时间感到饥饿；

（2）避免情绪性进食；

（3）了解一次进食热量超过自身需求是不可能马上改变一个人的体重，减轻因为一次美食超额导致的罪恶感和愧疚感。

如果你处于健康状态，你的身体其实有能力去调节自己摄入的热量，例如在上一顿你感觉到吃得很饱之后，会发现在吃下一顿饭的时候你不那么饿，甚至没有食欲。

情绪性进食究竟是怎么回事儿？

那么吃货享受美食的行为和我们所说的情绪性进食有什么差别呢？

对于一个吃货来说，吃不仅仅是用来填饱肚子的动作：一口口感香浓、层次丰富的巧克力蛋糕足以让一个吃货回味半天；一道令人惊艳的菜品可以让一个吃货惦记几个礼拜——吃对吃货来说，已经是一种给予精神上满足的仪式。当感觉到生活很苦逼时，食物会让我们低落的心情得以缓解；在我们快乐时，和朋友一起吃饭，代表我们愿意分享我们的快乐。

虽然吃对吃货来说是一件很欢乐的事情，可是在某些情况下，却可能让我们很忧伤、很暴躁——有时无法控制地想要吃某些知道不该多吃的东西（比如巧克力、甜食、零食等），吃完不久却感觉到非常后悔和气愤，而实际上我们并不饥饿。

其实，情绪性进食是一种非常常见的现象，网络上曾经流行过一句话："没有什么是一顿火锅不能解决的问题，如果不行，那就两顿。"实际上，当我们的身体处于压力状态下的时候就会分泌一种名为皮质醇的压力激素，而皮质醇会让我们开始特别渴望吃那些高糖、高脂或者咸味的食品，比如炸鸡、薯片、巧克力、甜品等等。而当你的身体摄入这些食物时，你的大脑会因为糖分、脂肪的摄入而自动分泌让你快乐的多巴胺，你会短暂感到压力的缓解。

如果要给情绪性进食一个比较专业的定义，那么就是因为负面情绪或压力而大量过度进食。在我们开始情绪性进食的时候，我们的身体并不饥饿，只是突如其来地很渴望想要吃某种特定的东西，这种饥饿感和生理饥饿有着很多不同。

情绪性饥饿	生理饥饿
突然到来	逐渐形成
食物和特定情绪联系在一起，如炸鸡、甜品或者各种垃圾食品	向各种"选择"都开放
想要"此时此刻"被满足	可以拖久一些
已经饱了也倾向于继续吃下去	吃得差不多了就停下
留下羞愧和后悔	不会羞愧和后悔

在上面的表格中我们可以看到，实际上这种情绪上的饥饿和生理性的饥饿有着很多差异。也许很多时候你自己都意识不到自己在进行情绪化进食，手就自动打开了外卖软件或者身边的零食，无意识地进食则会让你忽略身体的信号而不断将食物送到胃里，留下的只有后悔和自责。

那么我们该如何面对情绪性进食呢？

首先，我们得意识到自己究竟是身体真的饿了，还是情绪上的饥饿。可能在半夜考试复习时，我们特别渴望吃点零食，但距离晚餐可能也只过了一两个小时，那么很有可能是你感受到的压力在作祟。

其次，节食实际上是情绪性进食的重要影响因素之一，所以尝试合理地满足身体一天所需要的能量和物质是很重要的事情，吃你能够享受且健康的食物。如果你处于想要减肥而节食的状态下，那么很有可能这会诱发更多的情绪性进食。

然后，我们需要拥有正确管理自身情绪与压力的更合适的方法，否则如果我们只有食物这样一种安抚自己的方式，那么节食可能只会让我们感觉到更加糟糕。

最后，当你感觉到自己在情绪性进食，但无法停下的时候，可以使用正念进食的方法让自己的注意力放在食物给你带来的感官刺激上，你吃的过程会变得更加有意识和缓慢。

食物瘾君子：近在咫尺的进食障碍

情绪性进食非常普遍，所以对我们的影响实际上也不那么严重。但有一种令人担忧的疾病近几年来呈现出一种不断上升的趋势，它就是进食障碍。大部分人其实并不清楚一件事儿，进食障碍是精神疾病中致死率最高的一种疾病，而且进食障碍比较容易发生在一些特定群体中，如学生、演员、模特、芭蕾舞演员等等。进食障碍大致分两类：神经性厌食与神经性贪食，还有一些无法归类为上述这两类的非典型性进食障碍。

神经性厌食

罹患神经性厌食的患者极度纤瘦，并仍然觉得自己胖或特别害怕自己变胖，所以想要不断减重或保持一个极低的体重。比如说一个174厘米的女孩，体重仅37公斤，但仍然觉得自己不够瘦，不愿意吃东西，甚至吃下东西也会偷偷吐出来。

患有厌食症的人要不就是完全不吃，要不就是吃了之后用抠吐、吃药或者拼命锻炼来消除或弥补自己吃下的食物。因为厌食症患者吃得太少，身体摄入的能量不足之后就会导致低血压、女性的停经、毛发与指甲容易干裂、四肢冰凉等。而因为采取抠吐、吃药等手段，他们还很有可能出现电解质水平紊乱或者心血管问题，导致因心脏骤停而出现的突然死亡。统计显示，大约有15%～20%的患者在患病后的20年内死亡，这组数字不可谓不令人触目惊心了。

原本青春期的荷尔蒙水平波动就很大，往往也承受着很多来自家庭、同伴、学业与社会的多重压力，因此进食障碍患者中青少年特别常见。患有神经性厌食症的学生通常具有完美主义的特点，个性好强且大部分拥有较高的成就，他们把自己的纤瘦看作是一种荣耀与成功，并因此逐渐迷恋上控制自己体重的行为。但实际上他们无法正确地看到真实的自己，他们眼中的自己永远不够瘦、不够有吸引力。

神经性贪食

罹患神经性贪食的患者常常暴饮暴食，并且在吃完后立即将食物吐出来，或者用其他方式去除自己吃下的食物，如吃泻药、利尿剂或者过度锻炼等等。可能大家认为贪食症患者的体重会比较轻，实际上因为他们采取的催吐、吃药或锻炼等方式不能完全消耗掉所吃的食物，所以通常贪食症患者的体重仍处在正常值内，但这并不意味着贪食症患者的身体就不存在危险。

因为经常呕吐，贪食症患者的牙齿、牙龈和食道都会受到胃酸的侵蚀。他们的唾液腺肿胀，因此看上去脸常常是浮肿着。此外此类患者也经常会存在严重的肠胃问题。在严重的情况下，患者会出现条件反射性的呕吐，从而导致无法进食，同时患者体内电解质的失衡很有可能引发心脏停跳，最终导致死亡。

小熙的故事

刚吃完饭,小熙就默默走向了卫生间,而卫生间里立刻传来水龙头的水声。小熙的妈妈看着卫生间的方向,边收拾碗筷,边面露担忧。

当小熙从卫生间走出来时已经是几分钟以后的事情了,她的眼眶微微泛红,面部浮肿着,说了声:"爸妈,我先回房间了。"就走回了自己的房间。

最近一段时间,小熙妈妈偶然发现小熙会在吃饭后把东西吐出来。最开始她以为孩子只是因为压力太大,肠胃不舒服。但是后来妈妈发现小熙每次晚餐吃得都挺多的,但是每次吃完她都会去卫生间,出来之后会看到她眼眶有点红,卫生间里总会有股异味。除此之外,小熙书房的抽屉和书架里藏着很多各种各样拆封和没拆封的食物,垃圾桶里甚至会出现装有呕吐物的袋子。

起初小熙的妈妈因为工作繁忙,并没有把这个情况太多地放在心上,因为小熙其实虽然不胖,但也说不上苗条,可能吃吃东西缓解压力;女孩子嘛,担心发胖,所以出现这样的行为可能也没什么大不了的。但是随着时间推移,小熙的身体因此受到了越来越多的影响,这也让妈妈越来越担心起来。

小熙今年刚升高二,她实际上并不算胖,现在身高160厘米左右,体重大概120斤,就是一个十分普通的身材。但小熙的脸一直浮肿,牙齿也开始生斑,会无缘无故地头疼。甚至有一次小熙妈妈还接到过学校的电话,说她在学校胃疼晕倒了,被送去了医院。

小熙妈妈曾经找小熙谈过,告诉小熙她很担心小熙的身体健康，希望她珍惜自己的身体，不要再这么做了。但这些似乎都没有太大的用处，她的抠吐行为似乎停止了一段时间，但是过了一段时间后却又出现了。

原本的小熙是一个十分优秀的学生，性格也很开朗。但最近她开始回避和朋友外出聚会，她的情绪也开始变得很不稳定，常常和家人发生冲突，在学校里也出现了逃课等等。这一切都让小熙妈妈愈加担心，她尝试着和小熙交流，但小熙根本不愿意和妈妈交流，只是待在自己房间里看小说、玩电脑。

就像小熙一样，典型的贪食症患者会自己一个人偷偷吃很多东西，但并不是因为自己饿了，而是因为压力、寂寞或心情抑郁等等原因而突然爆发，在很短的时间内就吃下了别人一天甚至是几天才能吃掉的食物。

在暴食的时候，贪食症患者可能会感觉到麻木、爽快或者开心，但通常暴食之后就会感觉到强烈的罪恶感与羞愧感。他们十分担心自己长胖，为了减轻这种罪恶感与担忧，他们就会催吐或者吃药。然而催吐或吃药后他们还是会感到饥饿，因此就陷入了一个在暴食和催吐之间不断往复的恶性循环。

神经性贪食症实际上比厌食症更为常见。贪食症患者很有可能还存在抑郁、焦虑等其他问题。贪食症患者与厌食症患者不同，他们更为冲动，且情绪较不稳定。从人格特点来说贪食症患者更偏向于讨好别人，获取别人的好感。

是什么引发了进食障碍？

进食障碍是一种十分复杂的生理与精神疾病，进食障碍患者通常受到了很多行为、生理、情绪、心理、人际与社会因素的综合影响。

从生理方面来说,如果有亲属罹患进食障碍,或者有抑郁、焦虑及物质成瘾等方面的家族史,及个人病史,进食障碍的发生风险会更高;从心理因素来说,焦虑、抑郁、完美主义、强迫、难以控制情绪等也是风险因素;从社会文化因素来说,崇尚瘦、歧视肥胖、强调节食的文化更容易出现罹患进食障碍的个体。

目前对于是什么导致了进食障碍尚未定论,但是我们能够确定的是,这些患者并不是自愿成为进食障碍患者的。当他们出现这些行为的时候,通常很难自控,所以对他们说一些"你别这么做不就行了""就是你自控能力差才会这样"或者"不就是吃么,你怎么就不能正常吃啊"等等的话只会让他们感到更加痛苦,加剧他们内心的羞耻感与罪恶感。

我们究竟如何提供帮助

就如上文所提及的,进食障碍会严重影响患者的心理与生理健康,但在现实生活中我们发现仅有很少的患者向他人求助,或者接受治疗。患有厌食症的个体更不太可能自己寻求帮助,他们通常倾向于否认自己存在问题,并且没有改变的意愿。而患有贪食症的患者则行动隐秘且更倾向于回避自身的问题,只有他们身边最亲近的人才能发现他们所处的情况。因此显而易见,外界的帮助与支持对他们来说格外重要。如果你身边的朋友有这样的问题,那么也许你需要知道该如何向他们提供帮助。

如果你想和让你担心的朋友聊聊,你可能会担心和焦虑该怎么做?那么很重要的是找到一个和吃不相关的情景,在一个安静、安全和你们两人独处的情况下,让你的朋友知道你观察到了什么,同时你很担心他。

有可能对方会否认问题,或者不想讨论这些,你可以简单地让他知道,如果他需要,可以随时来和你说。你也可以问他,有什么是你可以为他做的。

如果对方愿意和你诉说,那么你应以一种理解和温和的方式聆听对方的感受与困难,然后鼓励对方寻求专业的帮助。

推荐阅读书目:

《从舌尖到大脑:饮食中的心理学》作者:尼尔·E. 罗兰,埃米莉·C. 斯普莱恩

《食物瘾君子》作者:凯瑟琳·艾尔薇

05 第五章
学习的秘密

如果这个世界上有什么词是小孩子最讨厌但大人最喜欢的,我用下半生速食泡面里的调料包打赌,大概率这个词会是"学习"。

可能你会觉得自己不会学习,甚至有些自卑。但我想告诉你,你的存在就是人类文明的宝贵结晶!而且你已经完成过非常多艰难且持续性的学习,甚至你自己都没意识到自己的努力!

每个人出生的时候都是一个软趴趴、连头都抬不起来、只会"嘤嘤嘤"的婴儿,完全没有在这个世界中生存的能力。在看着本书的你,你知道吗?你已经成功学习了人类进化长河中,需要花费上万年才抵达的站点:你学会了直立走路、跑、跳,甚至会复杂的舞蹈,你会使用发音体系复杂且拥有各种抽象概念的现代汉语,你了解并会熟练使用由人类智慧发明创造的机器……

如果你还是对于自己的学习能力有所怀疑,我想告诉你,很有可能并不是你本身的问题,而是有其他各种原因的!

学历教育可能会让你们误以为学习就是学校

中发生的一切，但实际上学习远大于此。不知道多少阅读这章节的读者会将自己认定为一名学霸呢？

当然，这里提及的学霸并非是狭义概念中大多数人喜欢认定的考试特别优异的"学霸"，而是那些在不同领域里不断学习、理解同时解决问题的人。这些领域可以是学业、技能、乐器、舞蹈、爱好或者是游戏、人际关系中的沟通交流，他们都能够以不同方式去探索、领悟和实践，并不断挑战更难、更新的问题。

那你认为究竟是什么决定了他们的成功？他们究竟做对了什么？

可能会有人提出天赋，那么类似《伤仲永》的故事为何存在？作家格拉德威尔在《异类》一书中指出："人们眼中的天才之所以卓越非凡，并非天资超人一等，而是付出了持续不断的努力。只要经过1万小时的锤炼，任何人都能从平凡变成超凡。"他强调了学习中持续努力的重要性。研究音乐与认知的脑神经科学家丹尼尔·列维汀（Daniel Levitin）认为，人类的大脑需要一定长的时间去理解和吸收，才能达到大师级水平。他的观点是，在认知要求很高的领域内，天才并不存在。

天赋更像是在本书第一章"神奇的大脑"提到的智力因素，基因与生理因素可以影响我们的大脑和身体去接收、分析与处理问题的能力。从某种程度上来说天赋决定了速度，就如同龟兔赛跑的例子。兔子天生就有着比乌龟更快的速度，但对于最终这两者谁最先完成比赛，却并非仅由速度来决定。在生活的绝大多数情况下，我们远达不到需要拼天赋的程度，我们要做的实际上只是成为最好版本的自己。

那要成为最好版本的自己，究竟如何达到呢？格拉德威尔和丹尼尔·列维汀都提到了努力,那么怎么才算是好的努力呢?

我想,在开始学习之前,我们首先得了解自己。除了我们自身选择开始学习的行为,还有很多东西影响了我们的学习效率与结果。

可能你还不知道,实际上每个人都有着不同的学习风格,受到了我们天生的生理特质、对刺激的反应倾向性、信息的加工方式,还有过往经验的影响。只有了解了我们自身的学习风格才能确定我们当前的学习方法是否最适合自己,同时是否较为高效。

非战之过：有时候学不进去，不是你的锅！

不知道你是否有过这种体验，坐在桌子前，该学习和工作的材料就在眼前，但就是胸口涌现出一种说不出来的沉沉的感觉，就像是有种阻力让我们很难开始用大脑处理需要处理的信息。

似乎是我们的身体和心在向我们撒娇，扯着我们的袖子说："哎呀，这东西太讨厌了，咱们就先玩一会儿嘛，这个东西咱们之后再弄好啦。"

人类有自我意志，但同时也会不断受到环境因素的影响，很多时候我们会觉得难以理解或者掌控自己的某些感受与行为，并且开始责怪自己。每个人在自己生命的某些瞬间大概率都会感受到专注与投入的学习状态，但往往这种状态会让人感到转瞬即逝和难以复制。

回顾过去，在什么样的环境中，你可以比较专注或学习效率较高？在下面的表格中列出了很多会影响我们学习状态的外在或者内在因素，我想邀请你边看边思考自己的学习状态有多少受到了下面这些因素的影响。

环境因素	声音	学习效率最佳时，你所处的环境是否是有声音的？有的人可能喜欢在咖啡厅戴着耳塞，或者听着古典音乐，或者在交通工具上，也有人需要非常安静的环境来让自己集中注意力
	光线	你对学习环境中光线的要求如何？是喜欢有阳光的，还是在黑暗中的灯光下

续表

环境因素	温度	过往学习中温度是否会影响到你？是凉还是暖更让你能够专注学习
	时间	通常你专注地学习发生在什么时间？是清晨，还是下午或者晚上？你是夜猫子还是更像爱早起的小鸟
情绪因素	动机	过往学习中，你对自己学习内容的兴趣、价值感或动机是否会影响你的学习状态
	持久性	学习的过程中，持续很长时间的专注学习比较适合你，还是间断性的休息可以让你整体效率较高
	自主/指导	学习效率最佳的时候，通常是发生在你自主学习的时候吗？还是更多发生在有教师/他人指导的情况下
	结构/探索	学习的过程中，预先存在的框架是否会让你更高效地学习
社会因素	独立/同伴	回忆过往经验，通常你是独立学习时收获最多，还是和同伴一起学习收获最多
	权威/混合	学习效率最佳的时候，你通常需要一个权威来指导你吗？还是更喜欢一个人探索，或者说结合自主探索和权威指导
生理因素	听觉	聆听他人讲解的声音或者听觉是否能够帮助你更好地理解需要学习的东西
	视觉	视觉的刺激，例如教学视频或者视觉的呈现是否能够帮助你更好地理解需要学习的东西
	触觉	上手感受是否能够帮助你理解需要学习的东西
	运动感知	用身体的运动来体验、表达和感受是否能够帮助你理解需要学习的东西
	吃/喝	高效学习时，通常你需要喝点或者吃点什么吗
	移动需求	当你学习的时候，通常你喜欢静止坐着，还是喜欢站起移动来协助思考或者理解

我的学习风格

好啦,我猜你已经对这些因素有了一定的了解。为了全方位地让我们的反思变得更加可视化和容易理解,我想邀请你完成下面学习风格表格。

	因素	影响程度(0~10)	偏好
举例	声音	8	人群噪音中戴着耳塞或者降噪耳机,或者在安静的环境中听古典音乐或自然声
环境因素	声音		
	光线		
	温度		
	时间		
情绪因素	动机		
	持久性		
	自主/指导		
	结构/探索		
社会因素	独立/同伴		
	权威/混合		
生理因素	听觉		
	视觉		
	触觉		
	运动感知		
	吃/喝		
	移动需求		

我相信完成这张表以后,你已经对很多影响自己学习状态的

因素有了更清晰的感受。如果你感兴趣，可以尝试从影响程度最高的那些因素开始调整自己当下的学习方式，也许这些可以帮助你更快地去找到适合自己的学习状态！

"知识诅咒"：那些说"你怎么还不会？"的人

不知道你有没有遇到学东西的时候，想要教你的人似乎总是处在一种憋着火气的烦躁状态，老是用说教的方式来让你感觉到学不会是自己的原因，例如："你怎么还不会？""你怎么那么笨？""这个这么简单你怎么就是不懂？"这些人可能是你的父母、老师或者同学，往往这时候你会感觉到特别的内疚、羞耻和退缩，因为你认为是自己不够聪明。

但实际上，这些"想要教你的人"很有可能已经进入了认知心理学中的一个典型认知谬误"知识诅咒"之中了：

对特定事物的了解越多，把它教给别人的难度就会越大，因为当我们理解并形成复杂的心智模型之后，我们就会逐渐遗忘形成这些心智模型的过程。我们在向别人教授知识的时候就会忽略很多初学者并不掌握的基础知识和过程。

所以，当别人在你学习的过程中烦躁地对你说："你怎么还不会？"的时候，你可以放下内心对自己的攻击和否定，清晰地意识到，是他们进入了"知识的诅咒"。

为什么有时候我们会感觉自己学不进去?

学习状态检查清单:

(1)是否处于长时间学习状态?已经学了很久了?

(2)前一天你的睡眠状态如何?身体状态如何?

假如你自己的身体状态不佳、睡眠状态不佳,那么很有可能在你学不进去的时候,你需要的是让自己的身体和大脑获得一些休息。

不知道你有没有感受到自己要"学吐了"的感觉?长时间处于工作状态的大脑会进入到信息过载的状态,导致无法再加工或处理新的信息。此时再逼迫自己进行学习,除了让自己感觉到还在努力以外,对提升效率或者获取新的知识来说并无实质意义上的作用。

就如同我们在第三章提到的,如果你的身体和大脑并没有获得恰当的休息,大脑在清醒时产生的有毒代谢物无法通过睡眠代谢完全,那么你就像是一个理论功率100%但实际却只能使用50%功率的机器。此时,你首要的任务应该是调整自己的身体进入到最佳状态,否则事倍功半,大量的时间和投入成了无用功。

(3)你对学习的东西是什么态度?对于学习的内容感到毫无意义?是否是厌恶或者恐惧的?

(4)想到学习就会感觉到难受、厌烦或者不舒服等各种不适的身体感受?

当学习的内容引发了很多负面感受和情绪的时候,通常我们会下意识地采取一些让自己好受一点的方式。

比如有的人会开始看手机、刷社交网络、买买买、吃零食或者做任何让他们感觉到可以调剂自己情绪的事情，可一眨眼几个小时就过去了，效率特别低。

对于这样的情绪或者感受，大家可以尝试使用相关章节提到的不同技巧来帮助自己理解并调节自己的情绪和感受。

（5）对学习的内容是否感觉无法理解？

（6）是否对学习的内容感到难以下手，特别庞大繁杂？

如果是因为学习任务的难度和内容繁杂，那么恭喜你，只要找到了合适的方法和资源帮助你去理解并计划这些内容，那么阻碍你学习的路障就移开了一大半了！

具体有什么技巧能够帮助我们理解困难的内容？你可以参考本章关于"如何理解艰深且庞大的概念？"的部分。

（7）是否感觉到学习内容太简单、很无聊？

如果你感觉到学习的内容简单或无聊，那么很有可能是这些对于你来说缺乏挑战，太容易了！所以往往在这样的情况下，你的注意力会很容易分散。在允许的情况下，加入一些新鲜、具有一定挑战性的内容可以帮助你进入到更专注且高效的学习状态。

（8）你是一直以来都是难以集中注意力，还是特定情况下出现？

（9）是否身边有很多造成干扰的影响因子？

每个人的注意力倾向性和特点都有所不同，你注意力的广度、深度、持久度和偏好等不同特性都与他人有着或多或少的差别。如果你对自身注意力的了解不够多，对于影响自身注意力的因素没有概念，那么我猜测你一定对自己的学习状态并没有什么掌控感。

建议你可以参考本章"学习风格表",并对于自己接下来一周的学习及注意力状态进行观察,了解自身注意力的特点,同时确定影响自身注意力的影响因子,并根据这些信息验证并调整、计划自己的学习方式和环境。

如何理解艰深或复杂的概念?

当我们逐渐深入学习特定的领域或者学科的时候,就必然会遇到一些新的、艰深和复杂的概念。这个时候自然而然我们就会感到有些艰难和头大,甚至出现很多自我怀疑,但实际上感觉到很难并不意味着你的能力不够,有很多技巧和方法可以帮助理解这些概念。

有时候当我们觉得难以理解一个概念的时候,往往是这些概念距离我们已有的认知太远、或者太过复杂导致的。以下一些理解概念的初步技巧也许可以帮到你。

打比方

可以尝试使用我们已经理解的知识或者感知,帮助我们去扩展对一些概念的理解。

例如,想要理解较为抽象的电压和电流,可以使用水龙头开关大小和水管打比方。

画概念关系图

当一些概念有比较复杂的组成部分和内在关系时，使用视觉图像的方式来总结并呈现内在关系也是一种帮助我们记忆和理解的有效技巧。

下图是一位同学想要尝试理解时间管理时做的笔记图。

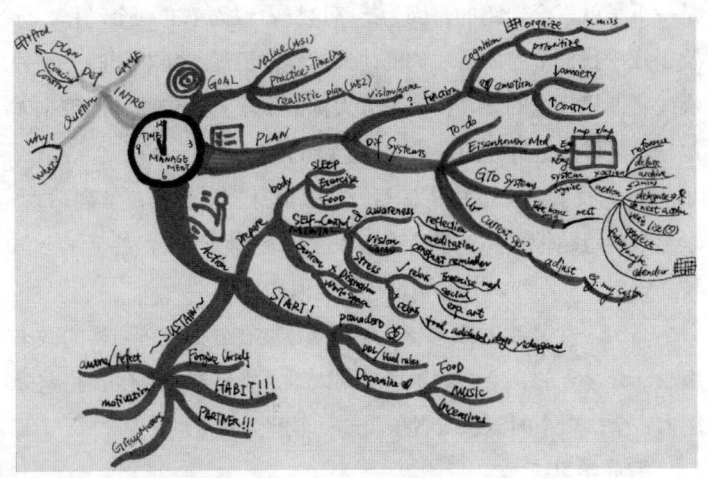

提供简单的例子

这个方法顾名思义，特别好理解，当你觉得自己难以记忆或者难以理解的时候，找到可以体现这一概念或者东西的不同例子，帮助自己尝试理解与记忆。

例如，如果感觉对于自身的学习风格不太理解，可以寻找过往自己学习效率和状态最佳的一次记忆，和最糟糕的一次记忆进行对比，尝试理解影响自己学习效率和状态的因素。

拆分复杂的概念

当我们尝试记忆与理解复杂概念的时候，由于我们的经验有限，往往会导致我们感觉到"好难"或者"学不会"，甚至想要放弃。但实际上当我们可以将所需理解或记忆的概念拆分为较容易理解的小概念，在掌握后逐渐联系不同的小概念，我们就可以逐渐掌握一个复杂庞大的概念。

最简单的例子就是我们每个人都会的走路，每个婴儿从来不是一下子就学会走路的，因为走路这样看似简单的一个动作，涉及了几乎我们全身所有肌肉的协调运作。但最终除非那些先天残疾或者罹患疾病的婴儿，大部分人都最终学会了走路，而每个人都是以这种渐进拆分的方式学会走路的。

首先我们学会了抬头，然后学会翻身，学会爬，学会站立，学会跟跟跄跄地晃悠，学会走路，然后能够跑起来，甚至学会各种姿势与舞蹈动作。其实说话也是类似的过程。

任何一个复杂的概念与技能都是建立在分拆成可习得的微小组成部分之上的，所以如果感觉到太难、太复杂的时候，将它分割为一个个更小的概念或者东西进行理解会有帮助！

费曼学习法

"如果你不知道如何把一个概念教给一个6岁的小孩，那么你就并没有真的理解它。"

——《别闹了，费曼先生》作者：[美]理查德·费曼

在学校里，考试是最常见的一种评估学生是否学会知识或技能的方法。的确，所有关于记忆与学习相关的研究都证实了考试能够很高程度地促进学生对于授课内容的理解与记忆，但在这里希望能够与大家分享另一种让我们觉得稍微愉快一些的学习方法：费曼学习法。

费曼学习法是诺贝尔物理学奖获得者理查德·费曼教授提出

的一种学习策略，这种策略能够帮助我们更好地理解想要掌握的概念。很多时候，我们在学习结束时会产生一种错觉，感觉好像我们已经完全理解并掌握了这些概念。但这就像我们看完一本书之后想和朋友分享，却很有可能发现自己只记得一点点东西，很难将自己的体验完全地分享给别人，至少我自己常常会感觉自己语无伦次、不知所云。

当使用费曼学习法时，我们要求自己能够完全理解并以自己的方法去解释那些复杂的概念，去回答很多"为什么"，不断调整与加深我们对概念的理解和记忆。从整体效果来说，如果是和一个伙伴共同使用费曼学习法进行学习，你会发现过程很愉快，你对学习内容的掌握也会非常牢固。

那么费曼学习法究竟该怎么做呢？

第一步：尝试学习并理解这个概念，及其相关知识。

第二步：用自己的语言尝试去解释这个概念，就像是解释给一个小孩子一样，尽可能用简单、易懂，且不使用任何术语的方式去解释。在这个过程中不要去看或者参考任何定义及文字，完全凭自己的记忆去做这样的尝试。

（注意：这一过程的目标不是完美去解释，而是去发现自己理解不到位、解释困难或者不确定的部分）

第三步：识别在解释的过程中发现有困难或者卡住的地方，查漏补缺，然后重复第一步直到你可以完全解释这个概念。

第四步：写下并总结你自己对这个概念的解释，尝试在不简化任何重要含义的前提下，进一步让你的解释变得更加简洁和精确。

那些低效的学习行为

在下面的明细中不知道有多少个符合你自己学习习惯的行

为呢?

(1)"纯"看书:盯着书反复看和阅读,不做任何笔记;

(2)荧光笔/划重点:用荧光笔或者其他工具着色;

(3)长时间不间断地学习;

(4)考前临时抱佛脚;

(5)用反复阅读来加强记忆。

不知道你有没有过这样的体验,明明看了好几遍书,看的时候觉得自己都懂,但是关上书怎么好像好多东西都不记得了?有时候还用荧光笔标注出了自己认为的重点和主题,怎么后面就好像没怎么进脑子?

这些低效的学习行为虽然执行的时候不那么费力和艰难,但实际上却浪费了我们大量的时间和精力,最终想要达到的学习效率低得可怜。以看书、划重点、反复阅读等这些方式学习时,我们往往处在被动接收信息的状态,所以记忆的形成就像是沙滩上走过的脚印,海浪一来,印记就完全消失了。

此外,人脑在同一时间可以接收、理解并且转化的信息是有限的。长时间不间断学习或者临时抱佛脚状态下接收到的信息,则像是将大量的水倒进一个有限量的水桶一样,会有大量的水溢出无法留存,只有有限的信息会留下,非常低效。

那么什么是有效的学习行为呢?如果你感兴趣,可以尝试下面列出的帮助我们更高效理解、记忆与巩固知识的方法哦!

可以帮助记忆的各种技巧与方法

(1)将需要记忆的东西和有意义的东西关联在一起。比如说,将数字和你的出生年月联系在一起来记忆。

(2)用首字(母)来记忆。比如说,用"飞雪连天射白鹿,笑书神侠倚碧鸳"来记忆14部金庸小说的名字。

（3）记忆宫殿：利用一个熟悉的地方，将需要记忆的个体具象化为夸张搞笑的东西摆放在里面，利用视觉想象来帮助有效记忆。

（4）可以利用回忆和思维导图等来让自己有效地掌握习得的知识。

（5）使用记忆卡片或者概念卡片等帮助自己利用空闲时间进行记忆。

（6）你可以在看完书本的一页后，闭上眼睛回忆看过段落的主旨；或者脱离课本，尝试自己回忆并写下学习到的主要内容。

（7）费曼学习法（见上文）。

（8）间隔复习：间隔一段时间的复习或者做些相关内容的习题可以帮助巩固学习的内容与技巧，远比大量集中练习更能够形成稳定的记忆。

（9）错题集：使用错题集来帮助自己定期回顾与检验自己是否真的已经掌握曾经没有掌握的内容，并强化自己的记忆。

（10）尽量避免使用荧光笔和下划线，这会给你一种错觉好像你把这些内容都放到了你的心里，实际上你并没有记住。

推荐资料：

"学习如何学习（Learning How to Learn）"，UCSD 在线学习 MOOC 课程 https://www.coursera.org/learn/learning-how-to-learn

《别闹了，费曼先生》作者：理查德·费曼

第六章
情绪冲浪与正念

总有阴雨落入生命，无人幸免，
灰暗阴沉笼罩白日，难以喘息。
——《雨必将下落》
亨利·沃兹沃斯·朗费罗

Into each life some rain must fall,
Some days must be dark and dreary.
——The Rainy Day,
Henry Wadsworth Longfellow

就如同朗费罗在诗中写到的，生命中总有日子就像是灰暗阴沉的雨日，让人感到低落消沉。在上一章中，我们提及了积极情绪与幸福，但人生有悲欢离合，月有阴晴圆缺，生命中灰暗或糟糕的时刻也是必将存在，且无法避免。

每个人都会在生命的某些时刻，体验到各种各样的负面情绪和感受，但这不意味这些负面感受就一定会让我们很痛苦。有些人面对愤怒的时候感觉到了力量和动力，有些人面对恐惧的时候感到兴奋和挑战,而有些人渴望忧伤和痛苦,因为感到这样能够让他们更有创造力地进行艺术创作。

为何类似的情绪,不同人有着如此不同的反应呢?实际上负面情绪本身并不意味着痛苦和折磨,有时候让我们更加痛苦的,是我们对情绪本身的评价和反应。

你是如何看待负面情绪的?

首先,我想要邀请大家去考虑一个事实:无论我们情绪的反应如何,有什么样的痛苦或者感受,这都是基于我们的基因、生理特性、过往经历、文化等各种各样的因素而自动产生的。除非经过后天的训练,我们每个人对待事件的情绪反应,都是当下你的身体和大脑做出的自动化反应。

而你,在没有完全了解自己的情绪之前,是无法通过逃避、压抑或者发泄的方式去马上改变自己的自动化情绪反应的。如果逼迫一个人必须在毫无理解自己情绪的基础上改变自己的自动化情绪反应,就相当于是让孩子觉得痛的时候不能哭,生病了不可以感觉到难过,肚子饿的时候不能感觉饿或者不可以喜欢给自己带来愉悦感的东西。

但从我的工作经验来说,我在临床工作中常常听到的对于情绪的看法是:

(1)这种情绪太让我痛苦了;
(2)为什么我就是不能摆脱这种情绪;
(3)我感觉自己要被这些情绪逼疯了;
(4)我的情绪让我感觉到自己很脆弱,很无能;
(5)我不应该有这样的情绪;
(6)这样的情绪根本一点用都没有,为什么我总是有这样的情绪;
(7)我痛恨有这样情绪的自己;
(8)负面情绪是糟糕的东西;

（9）负面情绪是很危险的，它会让我失控；

（10）道理我都懂，但为什么就没法摆脱我的情绪；

（11）我有负面情绪是因为我很蠢；

（12）道理我明明都很清楚，但这些情绪为什么就是让我很难受。

虽然这里的句子都是以"我"为主语的，但我相信大家也会听到很多这样的话：

（1）你这么难过不都是自找的么？

（2）你怎么这么玻璃心？

（3）你怎么总是这么情绪化？

（4）情绪不稳定就是因为你想得太多；

（5）不要去多想，你就不会这么难过了；

（6）你哭有什么用，又不能帮你解决问题？

（7）你怎么那么脆弱，就不能让心理强大一点么？

（8）你就不能让自己积极一点吗？

也许你会很熟悉这些话语，不知道当你听到这些话的时候是什么感受？这些看法的背后，是把负面情绪当做一个可怕、不可控制、无法忍受、不可接受的存在，有负面情绪的人是愚蠢、脆弱的。

我很好奇，当你有负面情绪或者感受的时候，你是什么反应？你能够觉察自己的情绪吗？你知道常常是什么引发了你的情绪或感受吗？情绪出现后，你又有什么反应，你是如何看待这个情绪的，又是如何看待拥有情绪的自己的？

如果我们对情绪的态度是否定的，那么往往我们会使用各种方式让自己不要感受到这些情绪，并否定或忽略出现这些情绪时候的自己，极力回避情绪带来的痛苦，不论是有意识或无意识。

最常让人痛苦的 3 大类负面情绪：忧伤、愤怒和恐惧

面对这三大类情绪时，通常你的反应是如何的？每个人在面对这些情绪的时候会有不同的反应，这些情绪也会造成不同程度的痛苦。

忧伤

各种程度的忧伤有失望、受伤、绝望、愧疚、自责、哀伤等等一系列的情绪。

处在这种情绪中时，我们往往会从生理上感觉到能量低下，就像是受伤的动物一样，不想动弹，不想社交，身体很沉重，只想缩在角落里。有些人会感觉到胸口很难受，喉咙哽咽、鼻子微酸，或者有想要流泪的感觉等等很多不一样的身体感受，当然也有些人似乎很难体会到自己身体的变化。

愤怒

各种程度的愤怒有烦躁、恶心、嫉妒、憋闷、狂怒、憎恨、感到不公等等一系列的情绪。

处在这种情绪中时，我们往往会从生理上感觉到强烈的唤起，例如心跳加速，肌肉紧绷，牙关咬紧，可能会感觉到身体发热或者面部涨红，有一种冲动似乎想做些什么去攻击等等。

恐惧

各种程度的恐惧有不安、紧张、焦虑、惊吓、怀疑、惊恐等等一系列的情绪。

处在这种情绪中时，我们往往会从生理上感觉到与愤怒类

似的感受，例如心跳加速、肌肉紧绷、出汗，但还可能会出现颤抖、肠胃不适，伴随很多对于危险的想象、无助感，有一种想要逃离或者回避的冲动。

毫无疑问，这些负面的情绪集合会引发很多生理、心理和认知上的反应，但同样的情绪似乎引发的主观痛苦在不同人群中也有很多差异。有些人可以很好地耐受被这些负面情绪引发的负面感受，甚至会主动寻求这些感受。例如有些人特别喜欢看悲剧（"虐文"）、恐怖电影或者尝试高风险的极限运动，但也有些人会格外努力去尝试避免体验到这些情绪，希望自己的生活一切顺利没有波折。

任何一种态度走了极端都可能会出现问题，只要活着必然会面对各种困难与波折。长期让自己处在高应激环境下，那么回归生活后必然会感到无聊，甚至可能会出现对低唤起状态的难以耐受。而尽可能回避让自己产生负性情绪的场景，则会让我们难以耐受那些无法避免、不得不面对的糟糕情境。有时候我们越想回避什么，却发现自己越痛苦。

为了更好地理解并找到好的方法来帮助自己管理情绪，我想邀请你填写下面的这个量表，也许可以帮助你评估面对情绪时你的反应，和情绪对你的影响。

五因素正念量表（Five Facet Mindfulness Questionaire, FFMQ）

指导语：请根据下列等级评定每句话，把最符合您真实情况的等级数字填在句子前的空白处。

1＝一点也不符合；2＝较少符合；3＝有些符合；4＝非常

符合；5 =完全符合。

___ 01 在行走时，我会有意关注身体部位在行进中的感觉。

___ 02 我擅长用言语描述我的情感。

___ 03 我为自己有不理智的情绪或不合适的情绪而责备自己。

___ 04 我感受到了我的情绪和情感，但我不必对它们做出反应。

___ 05 在做事的时候，我经常走神，而且很容易被干扰。

___ 06 在洗澡时，我会留意到水淌过身体的感觉。

___ 07 我能清晰表达自己的信念、观点以及期望。

___ 08 我没有注意到我在做什么事情，这是因为我在做白日梦，在担忧或分心于外界。

___ 09 我观察自己的情绪，而不迷失其中。

___ 10 我告诉自己，我不应该以我现在的这种方式来感受此时的情感。

___ 11 我留意到食物和饮料是如何影响着我的想法、身体的感觉和情绪的。

___ 12 我难以找到词语来表达我的所思所想。

___ 13 我很容易分心。

___ 14 我认为我的一些想法是异常的、不好的；我不应该那样想。

___ 15 我会注意我的一些感觉，比如：微风吹拂我的头发、阳光照在我脸上的感觉。

___ 16 我很难用合适的言语来表达我对事物的感受。

___ 17 我会评判自己的想法是好的或是坏的。

____ 18 我难以把注意力集中在当前发生的事情上。

____ 19 当我有悲伤的想法或景象时,我会"退一步",并去觉知那些想法或景象的存在而不被其所控制。

____ 20 我会注意一些声音,比如:时钟的滴答声、小鸟的叽喳声、或者汽车穿梭的声音。

____ 21 在困难的情境下,我会暂停一下,不马上做出反应。

____ 22 当我身体有种感觉时,我很难找到合适的词语来描述它。

____ 23 我好像是自动地在做一些事情,并没有完全意识到它。

____ 24 当我有令人伤感的想法时,通常我能很快恢复平静。

____ 25 我告诉自己,不应该思考我此刻正在思考的东西。

____ 26 我闻到了周围一些东西的气味或者芳香。

____ 27 即便是我感到非常地不安,我也能找到词语来表达它。

____ 28 我草草地做完一些事情,而没有真正地集中注意力在其上。

____ 29 当陷入令人烦恼的情绪或情境中,我能做的只是去注意它们,而不做出相应反应。

____ 30 我想有些情绪是不对的或者是不合时宜的,我不应该体验到它们。

____ 31 我注意到了艺术品和自然界中事物的一些视觉元素,如:颜色、形状、纹理还有光和影子。

____ 32 我总是倾向于用词语来描述我的体验。

____ 33 当我有令人痛苦的想法时,我通常只是注意它们,顺其自然。

___ 34 我总是自动地工作或完成某项任务,而没有意识到我在做什么。

___ 35 通常当我有些令人困扰的想法时,我会根据当时所想的内容或者脑海中出现的景象来判断自己是对还是错。

___ 36 我会去注意我的情绪是如何影响我的想法和行为的。

___ 37 我通常能够非常详细地描述出我此刻的感觉。

___ 38 我发现自己做事情的时候,不专心在所做的事情上。

___ 39 当不理智的想法出现时,我会自我否决。

FFMQ(b1—b39)计分方法:

将下列各项分数相加即为各项得分,R 代表反向计分,即 1 分为 5 分,2 分为 4 分,3 分不变,4 分为 2 分,5 分为 1 分。

观察 1,6,11,15,20,26,31,36 共 8 题;

描述 2,7,12R,16R,22R,27,32,37 共 8 题;

不评判 3R,10R,14R,17R,25R,30R,35R,39R 共 8 题;

不行动 4,9,19,21,24,29,33 共 7 题;

觉知地行动 5R,8R,13R,18R,23R,28R,34R,38R 共 8 题。

这个计分方法并没有一个分类标准,告诉你是否 2 分就算低或者 3 分就算高,但一般来说,你分项分数越低,就意味着在这个分选项的自评能力就比较低。

尽管这是基于正念这一概念的计分方法,但它很好地帮助我们去评估自己在面对自身此时此刻内在体验时的态度与反应。

观察：理解情绪的第一步

观察这一项的分数可以帮助我们了解，平时我们的注意力是否会关注到自己当下的状态，自己身体的感觉和情绪。我们在多大程度上活在了当下，而非过去与未来。

如果你的分数较低，那么很有可能你在现实中往往注意力没有完全放在当下的此时此刻。例如：吃饭的时候想着其他东西却完全没有在意口中食物是否美味；放松的时候还在想着未来需要做的事情依然感到压力爆棚；身处美景却心在他处，可能还在耿耿于怀之前发生的一些事件。

当你的注意力不在当下时，从某种程度来说，你就没有活在当下的现实里，你的注意力停在已经发生却无法改变的过去，和还没有发生你却无法完全掌控的未来。如果这样的趋势占据你生活的全部，这简直就是抑郁或焦虑的完美配方。

与此同时，能够去观察自身体验，是觉察理解自身情绪的前提。如果你没有办法很好地观察自身感受与体验的话，很有可能你也会发现自己没法很敏锐或快速地觉察到自己的情绪。没法很快速觉察自己情绪的人，往往不太能够理解自己的情绪、感受与需求，更不用提去管理或者转化自身的情绪了。

那么我们又该如何提升自己这一部分的技能呢？幸运的是，冥想的普及让一切关于正念冥想的资源变得触手可及。观察分数较低的读者，我会建议着重从名为"身体扫描"的练习开始。我们可以使用不同的冥想app，或者直接在各类多媒体平台，例如"喜马拉雅"，"Bilibili"等直接搜索"身体扫描"扫描。通过现成的引导语，练习观察自身微妙的感觉与其变化。此外，你可以搜索"正念进食""正念行走"等方式,将这样的技巧泛化到生活的方方面面。对于有情绪性进食困扰的人来说,正念进食练习是一种很有帮助的方法。

当你熟练以后,就可以逐渐摆脱这些冥想音频,在你感觉到需要的时候,随时保持呼吸并将注意力转移到当下此时此刻不同感官给你带来的感受,你的注意力逐渐能够停留在当下,并且更敏锐地觉察并抓住自己的感受与情绪。

描述

描述这一项的分数可以帮助我们了解自己是否可以较好地表达与描述自己的内在体验,包括我们的感受、情绪、想法和需求等等。

情绪的体验往往是非常快速且自动化发生的,但情绪的表达却是可以控制的,比如说我们的表情、言语和行为等等。压抑是一种人们常用的情绪管理方式,人们几乎每天都会使用。比如告诉辛苦做菜的母亲菜很好吃,但实际上太咸了。比如朋友一不小心弄坏了你心爱的东西,你告诉他没有关系等等。有些人在体验到强烈的情绪或情感时都选择了回避、不表达或者暗示,但通常这样的方式会让沟通产生障碍。

多项研究表明,情绪的长期压抑可能与多种疾病的早发相关。压抑情绪时,人们的表情与身体活动通常会减少,且会伴随心率的下降,但在其他身体部位活动反而会急剧增加,比如四肢血管的紧缩,血压的上升,交感神经系统活动的增加等等。因此,压抑情绪并不是一种很理想的情绪管理方式。

当然学会如何恰当地表达情绪不仅对身体健康很重要,它是人际关系中很重要的一部分。表达的方式各种各样,有人通过音乐、绘画、艺术等方式来表达情绪,有人通过行动来表达情绪,当然也有人用语言来表达情绪。我们需要评估我们情绪的表达在当下的情景中是否是安全的(因为有时沟通的对方可能并不会以包容的方式来回馈我们),然后才能以恰当并且适合自己的方式来表达自己的情感。更重要的是,良好的情绪表达不仅能够促进关系的建立,还可以帮助我们调节自身的情绪。

我们知道从人类的情绪发展过程来说,婴儿在28个月左右就可以逐渐习得,并给正性、负性情绪进行"命名",对情绪的命名让他们逐渐学会识别自己的情绪,并对此做出反应。如果在童年没有能够得到恰当的互动与交流,很有可能孩子就无法学会区分这些情绪,而情绪表达能力也可能因此受损。这些无法清晰区分的情绪就像是一团无法厘清的线团,它让人们不知所措,甚至难以被他人理解。因此,学会感受、识别并命名自己的情绪是帮助我们开始管理自己情绪的第一步。

当我们无法去描述自身内在体验,那么实际上就难以清晰地了解自身的感受与需求,又怎么在人际关系中让他人理解我们呢?同时,我们也会很难理解和共情他人的感受,因此也变得很难与他人建立真实和亲近的联结。

如果你想要帮助自己学会更好地描述并且表达自身的情绪,那么首先你需要做的,是拓展自身的情绪词汇。很多时候,我们可能更快速觉察到的是,"我感觉到有些不舒服",但这种"不舒服"究竟是哪种细微的感受,需要我们花一些时间去理解并定义。

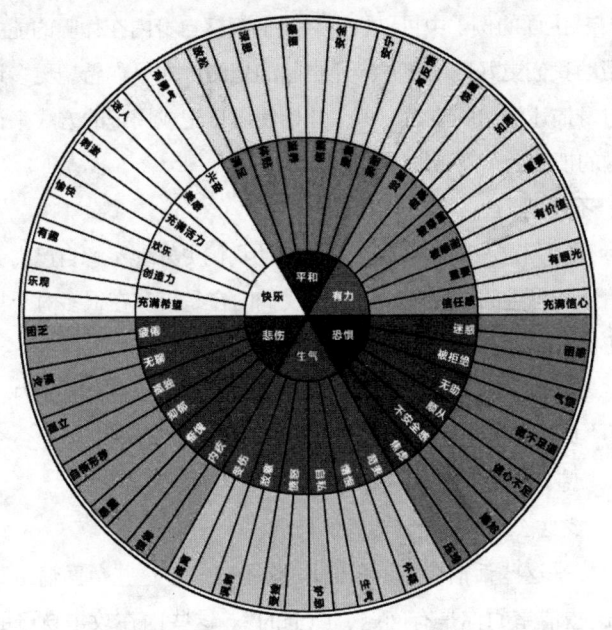

例如，当某个朋友没有回应你说的话时，你感觉到了不舒服，但要想更深入地理解自己的不舒服，你可以使用下面的表格来帮助自己去记录与描述自己的情绪。

情境/诱发点	身体感受	想法	情绪	自动反应
朋友没有回应	心跳加快，喉咙有点卡住的感觉，胸口有些憋气	他为什么不回应我？他是不是不尊重我	生气，受伤	变得冷漠，也不想说话
朋友没有回应	胃有下沉的感觉，胸口有些紧绷，眼睛有点酸、有点想哭	是不是我说错话了？他是不是不喜欢我	有些焦虑，难过	脑海中不断想该怎么办

第六章 情绪冲浪与正念

从上面的例子中可以看到，我们观察自身内在体验的能力可以帮助我们更好地理解并描述自己的情绪。如果你希望更多地提高自身描述情绪的能力，那么开始使用日记或周记的方式来记录自己的情绪会很有帮助哦！

不评判

不评判这一项的分数，可以帮助我们更好地了解自己内心对于情绪和思维的态度是如何的，我们内在是否存在很多对于自己内在状态的否定、不接纳和批评。

本章开始提到的那些话语，也许会时常出现在自己的内心：

"我不应该有这种情绪。"

"我太脆弱了！"

"我这么难受，是因为我有问题。"

似乎这些话语在告诉我们，"你不应该有这些负面情绪"和"有这些情绪的你是有问题、脆弱的"。这些内在攻击自己的声音，往往是自动出现，且我们会很快得就认同它对自己的攻击。它可能来源于我们的父母、朋友，还有这个社会传递出来评判和比较，例如什么是好的，什么是不好的，什么是应该的，什么是不应该的，我们必须做什么，什么是不可以的……

但是，他们是对的吗？并非如此。正如本章开始提到的，情绪的体验是一种自动化的反应，就像是海，有潮汐变化，有台风海啸，这些剧烈的气象变化背后是有原因的，并非是人力可随意改变的。指责和评判一个人的内在情绪体验，就像是因为自然灾害的出现而指责一个地方的居民道德沦丧，不免太过荒唐。

但是，这并不意味着关于情绪的一切都是没有问题的。有人会因为觉得"我的情绪很合理，而且我得发泄出来"，所以将负面情绪以攻击他人的方式宣泄出去，甚至觉得很合理。我们将在"有觉知的行动"的部分里进行详细讨论。我们的不评判指的是针对我们无法控制的部分，例如面对刺激和事件时，内在的很多自动化体验，包括生理反应、情绪状态与自动化思维。

那么我们该如何让自己不要这么评判自己呢？

方法1：觉察并与"评判"保持距离

首先，我们需要觉察自身对内在情绪和体验的批判，可以尝试在内心告诉自己"我的情绪是有缘由的，是很合理的"。

其次，不因为自身评判想法的出现而评判自己。我在临床工作中常常发现，抑郁的来访很容易，因为觉察到自己的评判而产生对自己额外的评判。这种对"评判"的"评判"，也是我们需要不带评判地接纳。

最后，可以提醒自己一个事实："这都是我内心的情绪体验，这是我自动出现的一些想法，他们的出现都是有缘由的，而我正在观察这些体验，还有那些评判。"

方法2：自我慈悲与共情的对话

首先，真实地体验着一切，包括身体感受、情绪、想法还有那些评判，不是你，而是你最关心和在意的朋友或者家人，他们正在内心不断出现对自己的否定和评判。

其次，感受到自己真实地接纳、关心和想要支持面前的这位朋友或家人，你身体的感受是如何的，你的情绪是什么样的。

最后，真实地说出你想对他说的话，如果可以，以录音的方式记录下来。

不行动

不行动这一项的分数，可以帮助我们看到我们是否经常情绪上头，认同了情绪背后的自动信念（如焦虑与担忧），或者冲动地将情绪（如愤怒与害怕）发泄在亲近的人身上。从某种程度上来说，如果不行动的分数较低，往往意味着你的情绪快速掌控了你的反应和行为。

这意味着我们往往会陷入一个又一个的情绪行为反应模式之中。如果这个模式并没有什么负面影响，那也没什么大碍，但负面情绪引发的负性循环常常是具有强大破坏性的。

遇到恐惧就开始回避或者逃走，遇到压力就开始情绪性进食或者抽烟酗酒，感到愤怒或者受伤就开始言语或者暴力攻击他人，有不确定的因素就开始反复焦虑失眠……这些实际上会带来很多伤害和问题，也无法帮助我们理解并且转化这些强烈的情绪。

如果我们想要能够面对这些强烈的情绪，可以让自己暂停一下，这就意味着我们需要在觉察情绪来临之后，可以暂停下来，去体验和耐受如同海浪一般起起伏伏变化的情绪，及其带来的很多心理性不适，同时推迟我们马上想要去做一个行为反应的冲动与渴望。

情绪冲浪练习：当情绪来了。

（1）将所有的注意力放在"当情绪来了"的时候，自己身体的不适感受，包括自己很渴望做些什么带来的身体不适感受，完完全全地去注意这些感受，还有它们的变化。
（2）相信自己能够耐受这些生理性的不适感，而且这些不适，包括情绪和特别想要做些什么的冲动最终都会消失。

想象在整个过程中，我们就像是在情绪和冲动的海浪上冲浪，你只需要保持呼吸，全身心地观察这些不适的感受与其起起伏伏的变化，这些情绪和冲动都会逐渐消失。

通过这样的练习，我们可以逐渐切断情绪与我们自动化反应之间的联结，不再陷入原来有问题的行为模式循环。

觉知地行动

觉知地行动这一项的分数可以帮助我们看到自己是否有意识地觉察并停止自己过往的行为模式，且有意识地选择自己要怎么进行反应。换句话说，当我们身处激烈情绪之时，带有觉知地行为让我们不被情绪所掌控地进行反应，选择去做有益于自己的行为。

例如不让恐惧和害怕阻碍我们走上演讲台，坚持去表达对自己来说重要的东西，不让怒火掌控表达去攻击我们并不想伤害的人，选择以不伤害对方的方式去表达和沟通，不让想到锻炼时的抗拒感阻止我们去运动的步伐，而是坚持对我们来说有益也可以享受的运动……

假如你有一些改变的愿望，那么非常有可能存在着一些阻碍你改变的情绪与自动化反应，你可以使用下面的表格观察并记录自己的反应，并写下对自己来说更有意义和有价值的真实行动。

觉察				有觉知的行动		
情境	身体感受	想法	情绪	暂停	理解	选择反应
混合在一起的模糊体验				自动化反应		

当我们可以不带评判地接纳并和情绪待在一起，不再回避或者压抑这些情绪之后，我们可以有觉知地思考，究竟我们此时此刻需要的是什么。

选择 1：我需要做些什么可以让我更好地耐受情绪带来的不适

注意——我们并非在以这样的方法转移注意力,而是让这些方法帮助我们可以更容易耐受情绪带来的痛苦。

每个人觉得有用的方法都不太一样。有些人可能会比较积极主动地做些什么,例如去运动、出去散步、做好吃的、清理房间、购物、看电影或者玩游戏等等;也有人可能是更倾向于做些可以让自己感到更舒服的事情,例如看星星、点香氛蜡烛、按摩、唱歌、闻自己喜欢的香水、和家里的宠物拥抱、冥想、发呆等等。

选择 2：解决问题

当情绪不再淹没我们,且强度开始下降时,往往我们就可以清晰地看到自己需要处理的问题,并且看到什么是我们想要为自己做的。此时可以花一些时间在纸上写下自己的问题,并尝试探索不同的解决方案,最终决定自己的行动计划。

第一步：识别/定义问题

_____

第二步：列出所有可能的解决方案/选择

_____

_____

_____

_____

_____

_____

第三步：利弊分析

选 择	好 处	坏 处

第四步：决定方案

决定方案后，将具体方案细化为可执行，有清晰时间、地点、人物和数量的步骤。

行动步骤	相关人物	时 间	地 点

第五步：实施方案

记录自己在实施方案过程中遇到的问题，与可能需要调整的步骤。

第六步：评估结果

评估计划的结果，是否需要一个新的计划。如果不满意结果，新的计划需要调整些什么？

最后的总结

我们在上文中分享了很多关于情绪与正念的工具，但更重要的是，我们需要很多的练习才能够帮助我们逐渐习得一种新的反应模式。大家可以根据自己量表的结果去选择并计划对自己来说更合适的练习。

推荐书目：
《从崩溃中拯救我》作者：苏塞特·波恩
《蛤蟆先生去看心理医生》作者：罗伯特·戴博德

第七章
积极心理画像

在阅读本章之前,我想问你几个问题:你知道怎么让自己感觉到开心吗?以及如何让自己感到平静?好奇?有成就感?幸福?

可能很多人都会有一些模糊的答案,但似乎又不那么明确,他们也许更清晰地知道自己为什么不开心,却对如何让自己感到快乐、有意义感和价值感失去方向。

在20世纪40年代之前的所有心理学研究中,关于疾病和问题取向与积极心理学的研究比率大概在21:1,但在2000年左右的时候,马丁·塞利格曼和米哈里·契克森米哈赖提出:过往的心理学研究没有去探索"让生命变得更有价值"的知识,他们认为当时的心理学研究已经偏离平衡,应该出现更多具有建设性并且帮助人们获得他们想要的心理学研究,这就是积极心理学作为一门学科的起点。

你我的快乐并不相同

同样一种美味的食物、美丽的景色和有趣的体验，为什么似乎每个人都有着不一样的体验，为什么总有一些人可以这么容易地开心起来，但却又有一些人感觉到好像"也就那样"？

心理学家针对那些在出生后就分开的同卵双胞胎进行了观察实验，他们发现遗传因素对于个体主观幸福感的影响在40%～70%之间，即同卵双胞胎们尽管生活在不同环境并且有着不同的生活经历，他们感受到的主观幸福感有约40%～70%的变量是由他们共享的相同基因所决定的，而在绝大多数双胞胎中基因对他们主观幸福感的影响在50%左右。

与生俱来已经设定的基因影响了我们天生的气质，还有对于刺激的反应/回避/激活/抑制倾向等等。当然，基因的表型会随环境与时间不同呈现出各种变化，但总体来说，这些变化绝大多数时间都在一个基线水平上下浮动。外界事件与体验无论消极还是积极，基因表型在短时间上升与下降之后都会逐渐回到原来的基线，形成一个动态的平衡。

可能看到这里你会感到有些难过，因为这意味着无论我们做些什么，我们能够感受的主观幸福感程度似乎已经在出生时注定了。但这就大可不必了，因为记的吗？基因只决定约50%，还有一半的因素是由我们自身所决定的。

心理学家柳波米斯基汇总并分析大量相关研究结果后提出，在我们的主观幸福感中有10%左右的因素是由外在的经历所决定的，如新冠疫情、经济形势和各种不可控的因素等等，但仍然有40%是由我们的思维和行为所决定的。

幸福究竟是一种什么样的体验？

将"幸福"这一宽泛的概念分割成了三个层级。第一个层次是愉悦的生活，例如美食、美景、让我们放松的体验等等。第二个层次是投入的生活，例如运用自身的特质去做符合自己价值观的事情，去体验心流等等。第三个层次是有意义的生活，即给予我们力量和动力的体验，我们给家人、朋友、社群和社会带来的积极影响和印记。

愉悦的生活：创造自己的积极情绪工具箱

在3～5分钟的时间里，我想邀请你们进行一个头脑风暴，在下面空白处写下所有你能想到的积极情绪或感受，同时写下在该情绪下曾经感受到这种情绪的经历或情景。

不知道你写下了多少种?

对你来说,完成这个练习是否困难?

你知道如何让自己体验到这些积极的情绪吗?

当你体验到这些积极情绪的时候,你的身体是什么样的感受?和自己平时的状态又有何不同?

实际上积极心理学领域的研究者定义了十种常见的积极情绪,它们是快乐、感恩、宁静、好奇、希望、自豪、好玩、受鼓舞、敬畏和爱。积极情绪为什么被称为积极呢?实际上当我们处于这些情绪和状态的时候,我们的觉知和注意力呈现出一种开放和打开的状态,往往它们让我们进入到一种向上的积极循环里:

我们经历一些体验,然后感受到积极的情绪与感受,并因此更倾向于尝试更多这些体验,而这又给我们带来了更多积极的反馈。

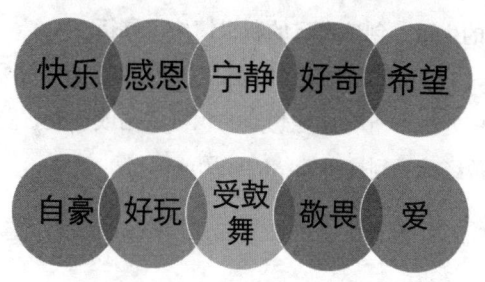

投入的生活:心流体验

就如同我们在文章开头提到的那样,幸福感不仅仅是一种愉悦感,实际上如果你只是做让自己感觉到开心的事情,你会发现无聊感逐渐会慢慢出现得愈加频繁。

那为什么我们会感觉到无聊？

人类大脑具有强大的适应性，因此曾经让我们感到快乐的事情会随体验的频率升高逐渐减少给我们带来的积极感受，当你频繁做那些简单同时会给你带来快乐的相同事情之后，它给你带来的愉悦感会越来越少，无聊感也会越来越强。

那么我们该如何让自己在生活中感到更稳定且持续时间更长的主观幸福感呢？

答案简单又不简单：心流体验（Flow）。

如果你曾经在做一件有些难度的事情时，全身心投入其中，忘记时间和饥饿，注意力完全倾注在这件事情上，在完成后甚至惊讶时间居然如此之快地过去了，并感觉到特别满足和有成就感，那么大概率这就是一次心流体验。

这样的心流体验是简单身体愉悦感无可比拟的，它给予我们带来的成就感与满足感可以维持更长的时间，并且让我们拥有更多的自我效能感与自尊。如你曾经体验过心流，那么很难不想要更多地体验它。

那如何让自己体验到心流呢？通常能够引发心流体验的事件有以下几个特征。

（1）高挑战，并且需要高级技能完成

这意味着这件事情需要对你来说是一件较高的挑战，并且需要你使用自己拥有的较高的技能。

（2）清晰的目标

心流状态要求你需要有一个清晰可衡量的目标，如完成这道题目、解决一个问题或创作一个作品等等。

（3）即时的反馈

你的完成过程需要能够有即时的反馈，比如说你写的代码可以马上看到是否成功，你创作的作品可以马上呈现出来等等。

在下图中我们可以看到，我们感受不到挑战的时候，根据我们拥有的技能水平高低，我们往往会感到无感、无聊或者放松；挑战中等的时候，我们会感觉到担忧或感觉到有控制感；挑战很高的时候则会因为你自己的水平高低相对应的感觉到焦虑、兴奋和心流。

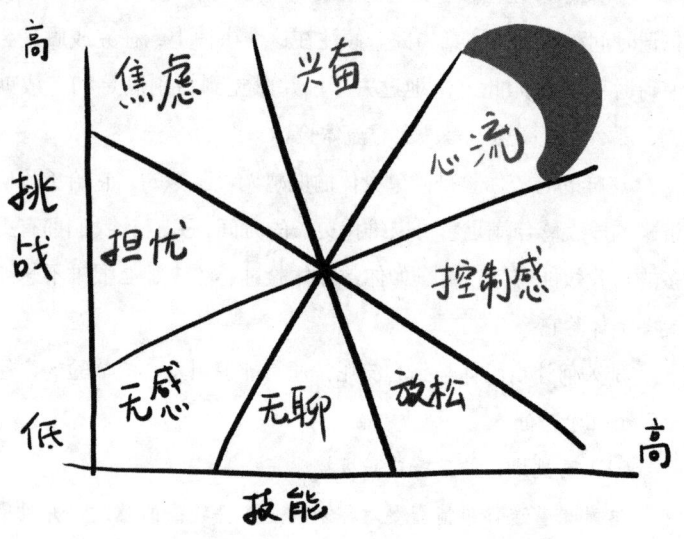

有意义的生活：价值感和意义感

除了投入的生活给我们带来满足与成就感之外，还有组成主观幸福感的最后的一部分，就是价值感与意义感。如果生活没有压力，但也没有价值感与意义感，这会让我们失去前进的动力，还有无所不在的虚无感，内心就像是掉入了无底的黑洞。

带来价值感与意义感的这些体验给予我们的幸福感能够持续最长的时间，并给予了我们前进的动力与力量。柳波米斯基提出如果要持续感受到快乐，那么需要持续地让自己去感受并调整那些体验。首先需要为自己创造那些符合我们性格、气质、需求和价值观的体验，然后让这些体验的内容和环境产生不同的变化，因适应而出现的积极体验会不那么容易产生下降。

简单来说，持续的主观幸福感：

（1）需要做让我们感觉到重要和有价值的事情；

（2）符合我们性格、特质与优势的事情；

（3）需要让我们感受到挑战与变化，如果能够让我们体验到心流则为最佳。

价值感与意义感是如此常见的、有些许俗套的词，平常大家都有些羞于提及，因为总感觉毫无来由地提及会有些矫情，但实际上却像是睡眠一样，没有的话让人如同行尸走肉，总感觉失去了和现实生活的联结感。

那么问题就来了，你知道对你来说重要且有价值的事情么？你知道如何让自己进入到心流状态么？我不想用专业的词汇与无聊的解释来消解这两个词的重要性，如果你不清楚，那么接下来的一系列练习，也许可以帮助你找到对于你来说重要的东西与价值感。

价值感与成就感练习

第一步：内心探索

最开始我们做一些头脑风暴，并邀请你以不带评判的方式来回答下面的问题，可以直接写下你的答案，或者花一些时间在你的记事本中探索你的答案。

不需要急着给出答案，每个人都需要花一点时间，也许几天，也许几周时间来让自己内心的答案或者声音出现。

（1）对你来说，生命中最重要的东西是什么？

___

（2）有什么是你特别认同的信念？

___

（3）有什么东西让你感到兴奋和充满热心？有什么让你感到痛苦和难过？

___

（4）你愿意为了什么去承受一些痛苦和煎熬？

___

（5）你渴望自己的生命中存在一些什么？

___

（6）有什么人/事深深鼓舞着你？让你感觉到崇拜或者尊敬的？他们身上的什么吸引了你？

___

（7）有什么选择是你感觉到不后悔的？有什么选择你特别后悔？

___

第二步：总结分类与命名

接下来，整理并且将自己的答案进行大概的分类，看看是否有一些类似的共同点，或者频繁出现的答案，为这些分类命名。下面的空白处写下对自己来说重要的东西与价值感来源。

我的价值感来源于：

___

___

___

___

第三步：我的优势

在这个部分，我想要邀请你去回想让你感觉到很棒的经历或者心流体验，至少让你感觉到很棒的时刻。在这些经历中，你感觉自己是当时最好版本的自己，你为自己感觉到骄傲，感觉到自己在做有价值的事情。这些回忆与经历可以帮助你看到自己的优势。注意：是优势而不是你的天赋。

选择至少 3 个过往的经历，然后接下来的问题也许可以帮助你寻找到自己的优势：

（1）当时你在做些什么？

___

（2）让你感觉到自己做的最好的部分是什么？你是怎么做到的？你展现出了什么优势？使用了什么技能？是什么让你感觉到

你表现得很好?

（3）有别人在这个情境中吗？他们对你的体验来说重要吗？

（4）这个经历中让你感觉到最开心、兴奋或者满足的部分是什么？

（5）这个经历中你觉得最有挑战的部分是什么？

第四步：别人眼中的我

在这一步里，邀请你身边重要且了解你的人来真实地回答关于你的一些问题。询问他们，他们觉得什么对你来说很重要，什么东西会让你感觉到开心或者难过，你对什么充满热情，你内心的核心价值感来源于什么。

为了让他们能够顺畅地给予反馈，一开始请不要打断他们的反馈，或者向他们解释，单纯地倾听他们视角里的你，因为你希望能够鼓励他们自由、真诚地反馈。

当全部听完他们的反馈后，这时候你可以与他们分享在这个练习中对自己的发现，和他们讨论与探索对自己来说重要的价值感来源，还有自身的优势等等。

第五步：整理、归纳与总结

现在你应该拥有了很多来自于内在的自省与外在的反馈给予的各种信息，花一些时间来让自己感受与思考，将自己的价值感与优势逐渐整合为一些你认同的词汇。

下面是积极心理学领域在探索与实证研究过程中总结的一些核心价值与优势，可以供大家参考。

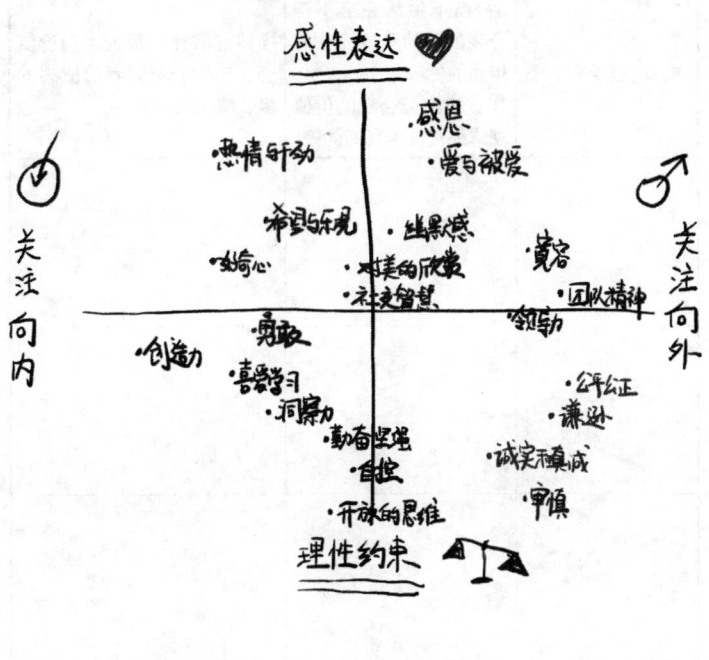

_____

_____

_____

第七章 积极心理画像

第六步:我的价值感与成就感图谱

经过了前面的五步练习,接下来你就应该能够确定地为自己填写下面的表格啦。

我的价值感与优势	当下使用率(0—10)	如果我想要使用我的优势,如何让我更好地感觉到有价值感
注:请至少写3个	0:当下生活完全不符合我的价值观或无法使用我的优势 10:完全符合我的价值观或经常使用我的优势	描述能够让你最大实现价值感、产生心流或者价值感的事、情境或环境

思考与行动

当完成上面的练习后,也许你会对自身的价值感与优势有着更多的了解,但可能也许内心依然会有些疑问,知道了这些对我来说又意味着什么呢？

我们的思考与反省固然重要，但这些都应该最终回归于我们的生命，我们与外在世界的交集与互动，成为我们前行的方向。

因此在本章的结尾，我想邀请大家尝试成为一名心理学研究者，你的受试者就是自己，实验内容则是将刚才的思考设计成一个干预实验，看是否能够利用我们本章的内容改变你的主观幸福感。

如果愿意，欢迎大家把自己的实验结果与反馈发送至电子邮箱：workingwmy@163.com.

积极心理学实验

在开始前，请使用 0～10 分来评估自己过去一周感觉到的主观幸福感，0 分为一点也不幸福，10 分为人生中最幸福的水平：_____。

（1）请花一些时间思考最好版本的自己可能会是什么样的，并写在下方。

_____

_____

（2）每周写下 5 件对自己来说希望感恩的事情。

第一周：_____

_____

第二周：_____

_____

第三周：_____

_____

第四周：_____

_____

（3）每周做一件不同的、能够带给他人善意的事情。

（4）为接下来一个月的生活设立一个新的合适自己的小目标，或者开始一个新的活动。

_____

在完成挑战1个月后，请使用0～10分来评估自己过去一周感觉到的主观幸福感，0分为一点也不幸福，10分为人生中最幸福的水平：_____。

推荐阅读书籍：

《活出最乐观的自己》作者：马丁·塞利格曼

《真实的幸福》作者：马丁·塞利格曼

Catalino, L. I., Algoe, S. B., & Fredrickson, B. L.. Prioritizing positivity: An effective approach to pursuing happiness?. Emotion 2014, 14 (6), 1155–1161.

Lykken, D., & Tellegen, A.. Happiness is a stochastic phenomenon. Psychological Science, 1996, 7(3), 186–189.

Lyubomirsky, S., King, L., & Diener, E.. The benefits of frequent positive affect: Does happiness lead to success? Psychological Bulletin,

2005, 131 (6), 803–855.

Lyubomirsky, S., Sheldon, K. M., & Schkade, D. Pursuing happiness: The architecture of sustainable change. Review of General Psychology, 2005, 9 (2), 111–131.

Lyubomirsky, S., Sousa, L., & Dickerhoof, R. The costs and benefits of writing, talking, and thinking about life's triumphs and defeats. Journal of Personality and Social Psychology, 2006, 90 (4), 692–708.

Tellegen, A., Lykken, D. T., et al. Personality similarity in twins reared apart and together. Journal of Personality and Social Psychology, 1988, 54 (6), 1031–1039.

第八章

拖延和改变

很久之前,出于对自身拖延行为的好奇与挫败,我自己就参加过一个主题为"身心一致的生活"且长达约 2 个月的自助团体,所有成员皆为成年人,也都有属于自己的目标,讨论自己渴望实现的生活改变,希望能够在团体的陪伴下逐渐完成。有趣的是,在团体结束前所有人都没有达成最终的结果,甚至这个团体不到几次后也变得支离破碎,最终草草收场。

从这个例子中我们可以看到,对于自身目标的无法坚持和拖延是多么常见的一件事情!有太多的东西在阻碍我们往前自己想要前进的方向,近在眼前的快乐、不费力的躺平、没有确定目标的迷茫、艰难付出带来的辛苦,还有难以驾驭的冲动……

实际上拖延是一个特别常见的现象，一篇针对拖延现象的分析论文作者 Steel 指出，人群中约有 80%～95% 的人都存在拖延的现象，而实际上拖延的结果并不完全是糟糕的。有时候人们选择拖延是因为主动选择了让时间压力推动自己在短时间内更高效地完成任务，并且享受那种压力下的刺激感。而有些人则是因为缺乏即时做出决定和行动能力，所以一直消极地推迟到最后。

你是在积极拖延，还是在消极拖延：那些必须完成且有明确时间截点的任务

在所有的拖延情况中，实际上也存在区别，有时候虽然有些人会经常出现拖延的情况，但他们似乎都可以在截止时间到来之前完成任务，并且结果还挺不错的；与之相反，另外一些人似乎总体上缺乏行动的动力，他们总会将任务搁置到最终无法按时完成或者完成得很糟糕。

那么这两者的区别在哪里呢？他们在压力、个人能力还有行为反应上有着很多不同，下面的表格中可以看到几个最重要的区别供大家参考。

	积极拖延	消极拖延
压力／挑战／时间紧迫	兴奋和刺激感	烦躁、不甘愿和紧张
对于自己的看法	相信自己能完成任务	觉得很难完成任务
在压力情境下的注意力	非常专注	很难集中精力
对于拖延行为的意识	有意识地选择故意拖延	无意识地回避
是否最终能够完成任务	都能够准时完成任务	经常无法完成任务

对于积极拖延者来说，也许拖延从本质上来说是一种应对策略，他们可以利用时间迫近带来的压力感强化自身动力和短时间内的效率，并达成令他们自己满意的结果。

消极拖延者对于压力和困难造成的不良情绪耐受力较低，因此往往会下意识采取让自己感觉到好一点的方式来回避压力源，比如说刷手机、玩儿游戏、吃东西等能快速短期缓解情绪痛苦的方法，但不断回避实际上不会消失的压力源，只会让他们感觉到越来越糟糕和自我否定，并因此陷入了负性的拖延循环。

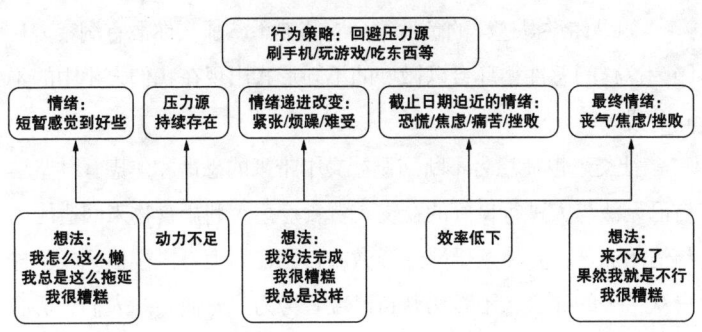

第八章　拖延和改变

我们可以看到，消息拖延者往往陷入了一个非常痛苦的负性循环，他们对于压力/情绪痛苦的耐受不能促使他们主动接触压力/挑战，但同时又维持了让他们感到煎熬的痛苦，且不断自我验证对自己的负面评价和指责。

当然积极与消极拖延在我们每个人身上并不是非此即彼的二分分类，可能在某些领域我们完全不会拖延，在有些事情上我们会积极地拖延，但在有些事情上我们会出现消极拖延。

比较重要的是，我们能够有意识地觉察自己在哪些领域或者事情上陷入了没有什么好处的负性循环，并且尝试打破这个循环。

如何打破这个负性循环？

如果你觉得这样的负性循环有些熟悉，那么你很有洞察力！因为这样的恶性循环会以微妙的不同形式出现在我们人生中的不同阶段。

社交恐惧症患者不断回避社交中带来的恐慌和焦虑，并坚信自己无法与人进行良好的社交；贪食症患者利用食物来回避压力与情绪痛苦，并持续厌恶这样做的自己；因为恐惧被拒绝或不被喜欢带来的痛苦，不断伪装自己或者努力讨好他人的人们；担心自己做错、出丑和失败，所以选择不去做想做的事情，但对这样的自己有着很多批评与否定……

要想打破这个循环，我们需要非常清楚地意识到这个循环的不同重要环节。

第一环节：对负性情绪的理解、耐受、管理与应对

关于情绪的部分，具体内容大家可以参考有关情绪这一章节。

简单来说，首先我们得意识到自身情绪状态，不回避情绪带来的痛苦，并能够和自己的痛苦呆在一起。与此同时，我们需要能够抚慰自己并且接纳关爱自己，帮助自己能够有足够的力量，进入到下一环节认知的工作。

第二环节：对负性想法的识别与应对

关于认知的部分，具体内容大家可以参考想法相关这一章节。

简单来说，在我们能够耐受情绪带来的不适并能够理解自身情绪与反应后，我们可以花一些时间识别自己情绪背后的自动化负性想法，识别自己是不是进入到了一种对我们来说没有益处的认知谬误，然后看到对我们来说更真实且更有益处的想法是什么，我们实际上最需要的是什么。

第三环节：耐受情绪后积极行为应对

当我们能够跨越这些真实面对任务本身的时候，剩下的就是看到我们究竟该如何完成手头的任务了。首先我们得找到让自己拖延的主要原因。

是任务太过庞大或太过艰难导致的？

——那么你需要做的是制作一个非常详细的计划，并将计划拆分到足够小和可实现的步骤。细到第一步在某日下午 1 点在哪里打开电脑，至少搜索和记录 10 条信息。每个计划需要细分，时间地点清晰，且是具体、可实现、可量化（有数字）的任务。

任务很难，需要更多信息、资源和支持才能开始吗？

——那么你需要加入搜索资源和寻找他人支持的步骤，并向外寻求足够多的支持。例如，在计划中加入，第一步询问 A、B 和 C 是否可以有空方便和自己聊聊，或在微博 /B 站 / 公众号上发信息询问，或者询问朋友 / 亲人是否能提供有关的资源。

想到就觉得做的时候一定会很痛苦？感觉到很无聊？还有引发了很多负面情绪？

——回到第一环节情绪耐受，有规律的练习正念冥想，理解并对自己共情。

担心自己做不好，别人对自己的看法会受到影响？

——回到第二环节认知工作，错误和失败每个人都会有，就算出现也不意味着你很糟糕，如果出现了因为你的一次错误和失败而不断否定和指责你的人，你得清楚地知道，他们的存在与言语对你毫无价值，因为他们除了让你感觉到难受之外，没有提供任何帮助。

注意力经常分散，无法集中注意力？

——不要因此过分指责自己注意力不行，这是现代人的通病，有手机就很难不被分散注意力，我们得意识到人脑和身体就是很容易被外界刺激所影响。

分散我们注意力的这些诱惑本身大多数都是一些并不需要我们进行大量脑力工作、属于被动接受信息或者本身促进大脑分泌让我们感到快乐的多巴胺事件，这些不需要特别努力就能让人感到短暂快乐的事当然就很容易让人倾向于去做。

对于大多数还不到成瘾这一程度的人来说，首先需要注意的是自己本身去拖延和无意识去做那些带来短暂快乐的行为，因为这种多巴胺的分泌来自人类较早期就进化出来的大脑边缘系统（两栖动物也拥有这部分大脑结构），它的激活会促使我们追求快感，难以抵制诱惑。当我们使用自控力时，更多运用的是大脑相关理性分析与决策的前额叶皮质，只有当我们意识到自己的状态或行为时，我们的大脑才能从激动的快乐寻求状态，逐渐转化为能够自我控制的理性状态。

人类的自控力是通过意识到自身限制、改造环境并利用自身特点塑造形成自己想要的习惯达成的。所以你需要做的是减少自身需要使用自控力去控制的环境因素，例如如果手机和互联网会影响你的注意力，那么当你需要的时候可以尝试刻意为自己制造障碍，让自己很难使用手机和互联网。聪明的你一定可以找到适合自己的方法，我就不在这里赘述了。

写到这里，大家应该可以看到，虽然从外界看拖延只是一个行为，但实际上内在涉及到情绪、认知、行为和环境等不同因素的影响。希望大家不要对自己太过苛求，因为改变一个负性的循环需要时间、耐心，还有很多鼓励和支持。

面对长时间需要坚持的习惯

我想大部分人可能并不会有那么多针对短时任务的拖延现

象，但是特别常见且我相信人群中大部分人都会存在的是：

我们往往都有希望自己实现的改变，无论是健康的饮食或者规律的锻炼，还是针对自我成长的持续学习、阅读，或者是维护对自己来说重要的关系等等，但这些我们明明觉得长期来说很重要的事情却总是被遗忘在角落，或者等来内心偷偷说一句"还是下次吧"。

从行为心理学的角度来说，这些短期获益或积极反馈非常少的行为习惯就是格外难实现的，否则每个国家都可以因为有能够快速实现自律的国民而剩下上亿卫生医疗费用。

医疗健康、行为经济学、行为心理学等不同领域，实际上都在近几十年针对这样的问题进行不断的探索和尝试，并进行干预实验。在这一部分我想和大家分享一些近期研究发现，可以帮助我们逐渐在生活中建立新习惯的方法与技巧。

方法一：你是否准备好了？

当我们想要将一些改变带入生命中的时候，往往内在都会出现很多冲突的声音，实际上大部分改变的发生是一个过程，而非一瞬间的事情。在临床心理学领域，有一个专注于帮助有成瘾问题的心理治疗技术名词为动机访谈，它将人们最终实现改变的过程从动机的角度分成了5个部分，分别是：前沉思阶段、沉思阶段、准备阶段、行动阶段、和维持阶段。

下面关于改变的评估表也许可以帮助你来评估，自己是否已经准备好了去做一些改变。

关于改变的评估表（小丁）：我是否要开始规律地锻炼	
	如果维持现状	如果改变
好处	• 不用花费时间和精力去锻炼	• 身体会变得更加健康 • 心情也许会变得更加好 • 精力会更加旺盛 • 未来的生活更有质量 • 可以吃更多好吃的 • 根据研究显示，可以让我的大脑变得更加不容易衰老，保持当下的思维状态 • 可以让自己的身体变得更加强壮，外观会得到改善
坏处	• 颈椎、腰椎还有肥胖带来的健康问题不会改善，甚至会更加严重 • 健康受到影响时，自己会感觉到心情更糟糕 • 很容易感到累 • 未来的生活质量可能变得非常糟糕，需要依赖他人照顾，需要经常跑医院，没法做自己想做的事情 • 基因检测显示有高血压和糖尿病的风险，如果不注意很有可能会更容易得这些疾病，导致很多经济损失和生理痛苦	• 需要花时间、精力去寻找自己可以坚持的运动方式 • 也许需要花一些额外的钱去做 • 可能会出现运动与关节损伤，所以需要额外注意，"无伤"运动才是关键 • 有些运动很无聊，感觉坚持很煎熬

上面的列表就是一个很好的例子。锻炼对于填写表格的"小丁"来说，就是不断在重复"从开始到放弃到再开始"的循环。无数次开始于尝试建立规律锻炼的循环，然后由于各种原因停止锻炼进行休息，但不久发现身体还是会因为不运动产生不适，然后再次寻找各种适合自己的锻炼方式。

她填写表格时，还没有开始重新锻炼，但感觉自己的身体由于缺乏锻炼而有些微妙的不适，由于身体关节损伤又有些担忧。

第八章 拖延和改变

填写完这张表格后,她感觉到自己也许很需要的是寻找和探索适合她的简单运动方式,需要带有一些挑战、不同和不那么费钱的"无伤"运动。

想要引入一个适合自己的生活改变,但发现很难坚持或者继续往往存在着一些原因。如果你也有一项想要达成的改变,也许可以花一些时间去填写下面这张空的表格,去寻找适合自己的方法。

关于改变的评估表

	如果维持现状	如果改变
好处		
坏处		

方法二:最初的阻碍——不适感/麻烦感/辛苦感/烦躁感/厌恶感的耐受

多篇关于拖延的论文提及,很多时候当我们拖延去做一些对我们来说重要且认同的事情时,往往让我们不去做的是想到这件事的时候,身体感受到的微妙不适感/麻烦感/辛苦感/烦躁感。

就像是需要在一片土地上建立一条新的道路一样,让大家熟悉一个新的规则或规定总是会引发一些反作用力或者抱怨,通常我们要建立一个新的习惯,就是需要有意识地去耐受最开始一段时间带来的不适或内在阻力。

有一个你可能不知道的冷知识:我们往往会高估这件事情发生后你的难受,并且在预期时就开始折磨自己。比如真的开始去锻炼,或者去阅读的时候,你也许会发现自己会享受这个过程并且觉得挺开心的，或者一件事儿的过程的确不愉快，但远比你想象的难受程度低很多，而且你也可以应对。

如果这是一件你认为非常重要且不想要放弃的事情，那么你需要意识到，如果你此时此刻不去做这些事情，这些不适感/麻烦感/辛苦感/烦躁感/厌恶感等等负面感受也不会消失，因为你知道你实际上是想要去做这些事情的，不去做只会延续此时此刻你的感受，并让这种感受反复出现在你的生活中。

当你对这些负性感受的态度不再是回避，而是有意识地体验并选择穿越这些感受去真实行动时，你会发现你成功地打破了这样的循环，这些感受也在你行动开启后迅速消失了：你打破了这个恶性的回避循环。

方法三：习惯从微小的行为开始建立

如果你有阅读过任何关于自控力与习惯建立的心理学或者自助类书籍，你就会发现，对于你渴望出现更多的目标行为，你需要有足够多的耐心，从很小的行为开始慢慢建立。自控力是非常有限的资源，你可以利用的是通过微小习惯的建立，去削减你自己刻意使用自身意志力或自控力的时间。

如果你有过从种子开始种植物的经历，你应该就会知道，植物最一开始萌芽的速度是最慢的。在最开始的几天里，如果没有合适的温度、湿度、光照和土壤环境，种子都不会发芽，就算是一切环境温度合适，种子都至少需要花几天的时间去突破种壳，将须根逐渐扎入土壤，然后在一段时间长出第一对子叶。当子叶和须根从阳光和土壤中逐渐吸收到足够的营养后，真叶才会萌发出来，这棵植物才真正可以说育苗成功了。

对于任何你想要建立的习惯或者改变来说，都是类似的过程。《福格行为模型》一书作者有一个很有趣的技巧,他把我们的具体改变目标细分为不同行为,并且将最重要且最有影响力的行为细分为:"入门"行为和"细分"行为。入门是指如果我想要锻炼,那么换衣服换鞋走出门,可能就算是入门行为,如果我想要看书,那么把书打开就是入门行为;细分则是指,如果我的最终目标是做 50 个标准的俯卧撑,那么一开始的目标就可以是每天做 5 个甚至更少,或者难度更低的俯卧撑。

该书的作者举了一个非常极端的刷牙的例子:他想要让自己养成刷牙习惯,一开始他会把牙刷放在牙杯上,然后他加上了把牙膏挤在牙刷上的部分,过几天开始只刷门牙,之后一点点加上其他的牙齿,最终形成了刷牙的习惯。

我曾经使用了这个方法帮助自己逐渐养成了在车上听有声书或者学语言的习惯,这是一个非常有效的行为,但是能够有这样的耐心,且中间不放弃细分计划实际上也挺有困难的。如果你的行为并没有与一个常常在生活中出现的锚点或者提示相关联,你也许会发现建立的习惯过了一段时间之后就会不自觉地停止,所以这个方法与方法四结合使用更加有效。

方法四:提示 / 锚点 / 行为关联

这一个方式实际上与行为心理学很有关系,将我们想要建立的目标行为与当前生活中出现的一些提示 / 锚点 / 行为关联起来。每个人都有属于自己的一系列关联行为,例如每天早上醒来,伸懒腰,去上厕所,然后刷牙洗脸,还有人会选择铺被子……大部分人都不会觉得这是需要我们使用自控力或者很难的事情,但实际上这就是我们每个人在没有意识到的时候建立的行为序列!

同理可得,如果你需要生活发生一些改变,可以设计一个计划，首先设定一个提示/锚点，这个提示/锚点需要是一个经常发生且很容易留意到的事物或者东西，然后你需要将你的目标细分为"入门"和"细分"行为，最后实验执行整个计划并按照结果进行调整或推进。

例如，我希望自己能够引入阅读的习惯，那么计划可以是如下，大家可以参考并设计自己的计划哦！

计划1：

锚点——"交通工具上"

准备工作——搜索自己想要听的书

入门行为——打开"喜马拉雅"或者听书软件

细分行为——打开想要听的书，至少听5分钟

计划2：

锚点——洗完澡躺床上后

准备工作——将书放在床头柜上

入门行为——打开书

细分行为——至少看1页

方法五：即时的积极反馈

如果你尝试了上述方法，那么还有很重要的一点千万不要忘记了：给予自己及时的积极反馈！一个及时的即时反馈可以让你的大脑开始享受这个习惯建立的过程，行为心理学中的操作条件反射告诉我们，积极反馈在行为建立中的重要性。

这样的积极反馈可以是自己内心偷偷对自己说的一句"哇，有做到计划的一小步！我真棒！"，或者是给自己的一个拥抱，也可以是在计划本上被勾掉的小任务，还可以是身边人给予我们的一句鼓励或拥抱，抑或是吃一颗巧克力糖……任何让你感到自己

在庆祝自己实现目标的尝试都是很棒的!

方法六:共同做一些事情/朋友支持

有时候,我们和朋友共同建立一些彼此都愿意加入生活的习惯,会让一切变得更加容易。例如你想要锻炼,和朋友一起约定每周固定时间,如无意外,大家既可以一起锻炼,同时也有时间一起聊天互动,会让你更加期待这个行为的发生,同时更加难以放弃这个习惯。

方法七:让习惯本身与积极情绪链接

如果这个习惯本身让你不是很容易感觉到愉悦,那么有时候我们可以尝试的是,让与此行为相关的因素变得愉悦起来。方法六就是其中一个很好的例子。但除了和朋友一起做一些事情带来的愉悦感之外,我们也可以尝试加入让我们愉悦的因素,例如当做这件事情的时候听自己喜欢的音乐,或者去自己喜欢的场所做这件事情等等。

方法八:想象演练

当你感觉到常常在拖延一些自己想做的事情时,可以尝试运用自己的想象,非常生动、充满丰富感官细节的方式,去体验目标行为的发生。

你需要从最开始的起念想做这件事情,包括整个内心挣扎,决定要做,开始准备,中途会看到、听到、闻到、尝到或者感觉到什么,最后真实去执行、坚持并完成整个目标行为。

想象演练训练是一种在专业运动员训练中经常使用的方法,目前为止的相关研究结果显示,想象演练训练可以帮助我们提高表现。

写到这里,这一章节就要告一段落了。无论如何希望大家可以意识到，能够改变我们自己人生的唯一指定责任人，只有我们自己。祝愿大家能够拥有并享受自己实现想要的改变的过程。

推荐资料：

《原子习惯》作者：詹姆斯·克利尔

《福格行为模型》作者：B.J. 福格

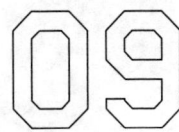

第九章
好玩的艺术与心理

艺术与心理学:一起玩吧!

在心理咨询中艺术占据着特殊的地位,它让我们能够跨越语言同自己的感受联结,每一个作品承载着创作者自身的情感、思想、经历与渴望被看到,也承载着来自于每一个观者投射的情感、体验与理解。所以,如果你愿意,可以邀请朋友一起体验这部分的游戏,也许你们会在艺术中发现从未看到的真实的彼此。

关于表达性艺术最棒的一点就是,在这里没有对错、高低、好坏和标准,每一个作品就是那一瞬间对我们来说的真实。

对于有些自我要求较高的人来说,他们可能反而会因为希望自己的作品"很棒"而产生额外的压力,让他们无法去享受自由、无限制、随意、无评价地用艺术去表达的乐趣与流动,所以我想邀请所有读者在练习中,尝试将对自己的要求与标准在内心世界中物化,将它暂时放进一个容器里,并放置在一个安全的地方,然后再开始我们的练习。

摄影治疗

摄影可能是现在所有人都可以随时随地取材并实现的艺术形式了。但是也许你不知道,在表达性艺术治疗领域中,也有专门将研究摄影作为心理表达载体的心理学者。

摄影活动1:摄影艺术中的我

我想邀请大家从不同的视角,来为自己拍摄自拍照,可以是真实的自己,也可以想象这是一张代表你的头像。这四个视角分别是:你眼中的自己、他人眼中的你、你希望他人看到的你、最让你感到自在的自己。

邀请你体会与觉察:

当你尝试以照片的形式去呈现不同视角的自己时,你可能有什么感受?

究竟这些不同视角的你差异在哪里?

又是什么引发了这些差异?

如果你愿意,可以与让你感到信任和安全的人来讨论自己的感受。

摄影活动2:怦然心动的视角

现在,不需要做任何移动,在当下的环境中,用你的手机寻找一个让你有下面感觉的画面,感受你在缓慢观察这个环境,让你的身体感受帮助你判断你想要停留的画面:①喜欢;②触动;③讨厌。

邀请你体会与觉察:①当你体会到喜欢/触动/讨厌的时

候,你的身体是什么感受?②是这个画面的哪个部分引发了这个感受?③是否有什么记忆和这些画面带来的感受相似?

摄影活动3:友谊互拍

你可以邀请你的朋友一起完成这个活动。在这个活动中,你们彼此在同一个地点去拍摄让你们感觉到似乎有些类似对方的画面,完成拍摄之后,可以回来和彼此分享你们的成果,以及是什么让你们觉得会有这样的感觉。

邀请你体会与觉察:①你和朋友互相拍的照片给你们带来了什么感受?②你们觉得能够和自己有联结感吗?

摄影活动4:我的一天

这个活动是想要邀请你花一天时间,有意识地利用手机将自己的一天以照片的形式记录下来。

1. 当你起床之后,用手机记录下起床后你的视角。

2. 之后的每个小时,如果可以的话,都尽可能拍一张照片记录。

3. 一天即将结束前,将拍的照片全部罗列出来,按照顺序摆放。

邀请你体会与觉察:①你觉得自己的照片,是否完全展现了自己的一天?是否有些其实没有被记录下来,但很重要?②如果再给你一次机会,你还会多拍什么?

摄影活动5:光与影

在这个活动中,我希望邀请你花一点点时间,去拍摄让你感觉到触动的光和影,因为这可以说是摄影中最重要的元素。只要有光,就有影,但他们之间千变万化的关系又影响了呈现在你面前的画面，还有它给你带来的感受。

当你拍摄了多幅光与影的照片后，找到一张（或几张）你最喜欢的照片，然后我想邀请你，体会当你看到这张照片时身体和情绪的体验，并为这张照片取个名字。

邀请你体会与觉察：①看到光和影的不同照片时，你是什么样的感受、情绪和体验？②这些不同的光影可以让你联想到什么样的词汇？名词？形容词？动词？

好玩的绘画与视觉艺术

绘画作为一种艺术形式，相信大家都很熟悉，尽管每个人对绘画的了解和熟悉程度都不同，但实际上每个人都可以通过画笔去表达自己的感受，用绘画来更多地了解自己和他人。这些活动既可以单人完成，也可以和朋友一起。

绘画活动1：用线条画出你的情绪

在这个活动中，你不需要运用到任何色彩，只需要体会自己最近曾经感受到的很多情绪，选择任意一种，然后尝试用线条的方式去即兴呈现这种情绪。

邀请你体会与觉察：①你选择了什么情绪？②你觉得这种活动对你来说有难度吗？③在整个过程中有什么想法？④现在看到画出的线条，你的感受是什么？

绘画活动 2：画出你的平静

首先我想邀请你选择在所有色彩中能让你感受到平静的颜色，然后用这些颜色再创造出一幅平静的画来。

邀请你体会与觉察：①当你使用这些让你平静的颜色作画时，你是什么情绪？身体是什么感受？②你在绘画的过程中联想到了什么？

绘画活动 3：涂色带来平静

几年前涂色绘本曾经很有人气，因为的确在涂色的过程中，我们的注意力关注在当下的落笔，涂色可以帮助很多人从压力或者焦虑中解脱出来。但实际上你并不需要购买任何涂色绘本就可以为自己创造一个没有限制的涂色活动。

在这个活动中，在一张纸上随机选择一个点，然后由这个点开始自由画出漩涡型的弧线，这张图片就会被分割成很多不同的区域。最后，使用不同的形状或模式填满这些由弧线分割的区域，每个区域只能使用一种形状/模式。在整个过程中不需要限制自己的想象。

邀请你体会与觉察：①在整个绘画过程中，你的情绪出现了什么样的变化？②你的注意力是否也有相应的变化？③如果你有焦虑和担忧，在绘画的过程中是否有所下降？

视觉剪贴画活动：我的未来愿景

这个活动特别适合任何想要在年底、学期结束或者人生某个阶段结束的人，可以使用随处可见的网络图片或者自己在社交媒体上寻找到的图像，组成一个可以代表你想要的下一年、学期或者阶段的愿景。

邀请你体会与觉察：①是什么让你感到"我想要把这些放到自己的未来愿景之中"？②它们通常给你带来了什么样的情绪和感受？③你留意到了什么特别的东西吗？④你是否对未来的计划有了更清晰的概念？

好玩的音乐与心理

音乐作为艺术的一种形式，有些时候能够给我们带来其他艺术无法带来的触动和感受。它能够引发各种各样的身体、情绪和生理的变化，音乐让我们能够沉浸其中，感到平静、兴奋、感动或忧伤。

实际上，很多人都会在自己感觉到各种情绪或者无聊时，为自己播放各种音乐，无论是想让自己平静下来，或者单纯就是享受音乐给自己带来的感受。你不需要接受任何音乐的训练，也可以让自己去享受音乐给你带来的不同体验和感受。

音乐活动 1

如果你愿意,可以和自己的朋友一起完成这个练习,这会是一个蛮有趣的体验。

我想要邀请你尝试花一些时间思考和感受,选出可以让你感觉到反映你的不同情绪,如愤怒、难过、开心、赋予力量、焦虑、放松、惊讶等的歌曲。

邀请你体会与觉察:①请问当你听到这些歌曲时,你联想到了什么?②你身体会有什么感受?③歌曲中对你来说最重要的一部分是什么?为什么?

音乐活动 2

当你很喜欢某段音乐的时候,也许可以尝试这个练习,去探索这首音乐给你带来的感受。在这个练习中,我想邀请你选择一首你最近比较喜欢的音乐,然后准备一张纸和一些彩笔,当音乐响起的时候,允许自己的联想和感受出现,创作出一幅画来。

邀请你体会与觉察:①请问当你听到这首歌曲时,你联想到了什么?是记忆?是图像?还是味道?②这幅画有色彩吗?里面有什么?③现在看到这幅画面,你有什么感受?

音乐与舞动活动 3

身体的舞动与音乐无法分割,音乐与舞蹈有时候可以结合在一起帮助我们表达、体验、强化或转化我们自身的情绪。通常当我们感觉有压力或有些焦虑的时候,随着音乐舞动会让我们感觉到压力的缓解和让我们放松下来。

如果你愿意的话,在一个安全的空间,可以选择一首让你感觉到符合你当下情绪的音乐,然后允许自己随音乐舞动。

邀请你体会与觉察：①在舞动前后，你能感受到身体有什么变化？②在随音乐舞动的过程中，有什么动作或姿势让你感觉到最能代表当时的情绪？③这个姿势是什么样的？你是放松还是紧张？姿态是打开还是紧锁？④做什么动作能让你感觉到身体最舒服？

好玩的诗歌与心理

没有什么是比诗歌更自由的文学形式了。我们可以让诗歌成为承载我们内心感受的载体，让内心的一切自然流淌起来，当文字落于笔下，属于我们此刻的诗呈现在我们眼前时，你会有什么感受？

随意地寻找一本书，找到触动到你的 4 个词语，随意写在一张白纸上，每词一行，然后运用这些词写一首 4 行诗。另外最后结尾自由地为这首诗写出最后一行诗。

可以通过视觉的想象，五感的联结等帮助自己自由地联想与创作，这是一个还挺有趣的体验。

作品分享：你，沉默，天空，漩涡

天空在沉重的黑夜中隐身
站立在难以喘息的沉默里

你为何哭泣我的朋友

柔软又酸疼让心里长出揪人的漩涡

邀请你体会与觉察：①触动你的词，给你带来了什么样的身体感受？情绪？还有想法？②这首诗承载了你生命中的哪个瞬间或部分？③你会如何命名这首诗？④你在这首诗的创作中感受到了内心什么微妙的变化？⑤如果你与朋友一起创作，她读了你的诗有什么样的感受？